EDITORA DO CONHECIMENTO

Auxiliando a humanidade a encontrar a Verdade

O Menino Jesus

O Menino Jesus
Excerto da obra
O Sublime Peregrino
Ramatís / Hercílio Maes

CONHECIMENTO EDITORIAL LTDA.
Fone: 19 3451-0143
www.edconhecimento.com.br
vendas@edconhecimento.com.br

Organização: Mariléa de Castro
Projeto Gráfico: Sérgio Carvalho
Ilustração da Capa: Banco de imagens

ISBN 978-65-5727-084-4
1ª edição - 2021

• Impresso no Brasil • Presita en Brazilo

Dados Internacionais de Catalogação na Publicação (CIP)
(Angélica Ilacqua CRB-8/7057)

Ramatís (Espírito)
O Menino Jesus / obra mediúnica ditada pelo espírito Ramatís ao médium Hercílio Maes — Limeira, SP : Editora do Conhecimento, 2021.
142 p.

Coletânea de textos retirados da obra: *O Sublime Peregrino*

ISBN 978-65-5727-084-4

1. Espiritismo 2. Jesus Cristo - Interpretações 3. Jesus Cristo - Vida pública 4. Jesus Cristo - Infância 5. Jesus Cristo - Vida espiritual I. Título II. Maes, Hercílio, 1913-1993.

21-0506 CDD 133.93

Índice para catálogo sistemático:
1. Espiritismo 133.93

Ramatís

O MENINO JESUS

Obra mediúnica ditada pelo espírito
Ramatís ao médium
Hercílio Maes,

Coletânea de textos retirados da obra:
O Sublime Peregrino

1ª edição — 2021

EDITORA DO
CONHECIMENTO

Obras de Ramatís editadas pela **EDITORA DO CONHECIMENTO**

HERCÍLIO MAES

- A Vida no Planeta Marte e os Discos Voadores – 1955
- Mensagens do Astral – 1956
- A Vida Além da Sepultura – 1957
- A Sobrevivência do Espírito – 1958
- Fisiologia da Alma – 1959
- Mediunismo – 1960
- Mediunidade de Cura – 1963
- O Sublime Peregrino – 1964
- Elucidações do Além – 1964
- Semeando e Colhendo – 1965
- A Missão do Espiritismo – 1967
- Magia de Redenção – 1967
- A Vida Humana e o Espírito Imortal – 1970
- O Evangelho à Luz do Cosmo – 1974
- Sob a Luz do Espiritismo (Obra póstuma) – 1999

SÁVIO MENDONÇA

- O Vale dos Espíritas – 2015
- Missão Planetária – 2016
- A Derradeira Chamada – 2017
- O Sentido da Vida – 2019
- Amor: Encontros, desencontros e Reencontros – 2020

MARIA MARGARIDA LIGUORI

- Jornada de Luz
- O Homem e o Planeta Terra
- O Despertar da Consciência
- Em Busca da Luz Interior

OBRAS COLETÂNEAS:

- Ramatís uma Proposta de Luz
- Face a Face com Ramatís
- Um Jesus que Nunca Existiu
- Simplesmente Hercílio
- A Missão do Esperanto
- A Origem Oculta das Doenças
- O Objetivo Cósmico da Umbanda
- Do Átomo ao Arcanjo
- O Apocalipse
- Marte: O futuro da Terra
- O Além – Um guia de viagem
- Geografia do Mundo Astral
- O Homem Astral e Mental
- O Carma
- O Menino Jesus

Coletâneas de textos organizadas por SIDNEI CARVALHO:

- A Ascensão do Espírito de A a Z – Aprendendo com Ramatís
- Ciência Oculta de A a Z – O véu de Ísis
- Evangelho de A a Z – A caminho da angelitude
- Jesus de Nazaré – O avatar do amor
- Mecanismos Cósmicos de A a Z – O amor do Pai
- Mediunidade de A a Z – O portal da Luz
- Saúde e Alimentação de A a Z – O amor pelos animais
- Transição Planetária de A a Z – A chegada da Luz
- Universalismo de A a Z – Um só rebanho

Obs: A data após o título se refere à primeira edição.

O menino Jesus era um ser angélico, uma flor radiosa dos céus a vicejar na água poluída do mundo humano, sofrendo a opressão da carne que lhe servia de instrumento imprescindível para cumprir sua missão heroica, em favor do próprio homem que o hostilizava. As trevas vigiavam-no incessantemente para desfechar o ataque perigoso à sua delicadíssima rede neurocerebral, a fim de lesá-lo no contato sadio com a matéria, e isto só era impedido graças aos seus fiéis amigos desencarnados. Jamais alguém, no Espaço ou na Terra, poderia ofender ou lesar a contextura espiritual de Jesus, tal a sua integridade sideral, mas não seria impossível atingir o seu equipo carnal.

O Sublime Peregrino

Sumário

Apresentação

Este livro traz capítulos da obra de Ramatís *O Sublime Peregrino*, ditada ao médium Hercílio Maes, que falam do nascimento e da infância de Jesus, do seu ambiente em Nazaré e na Judeia, dos fatos que antecederam sua chegada, seu lar e sua família carnal.

Antes daquela obra, nenhum ditado mediúnico – e muito menos textos de elaboração pessoal – jamais tinha logrado revelar com precisão os fatos relativos ao nascimento do Mestre, como o local exato da ocorrência na casa dos tios de Maria, o hipotético recenseamento, o cenário da noite do Natal, com toda sua magia e doçura. E tampouco a razão da escolha de Maria para ser sua mãe, e como decorreu a gestação de Jesus. Muito menos como decorreu a infância do Menino Luz, suas brincadeiras, seu temperamento, como era o lar de Maria e José. E as particularidades do entorno de Nazaré e da Palestina àquela época. Quem poderia reproduzir, como nessa obra, um diálogo autêntico havido entre Jesus e José?

Somente quem, como Ramatís, conheceu de perto o Mestre e sua família e amigos, seu entorno e sua verdadeira natureza[1] – e poderia também, como um Mestre de Sabedoria que é, consultar nos registros akáshicos – a memória da natureza – do plano invisível os "filmes" indeléveis que guardaram as imagens do menino Jesus, de sua angélica doçura, alegria, travessuras e imanente sabedoria de anjo exilado na matéria.

Antes de tornar-se o Rabi inigualável que construiu nas lições de seu evangelho o roteiro para a emancipação espiritual das criaturas, ele encarnou a figura do mais encantador

[1] Ramatís foi, à época de Jesus, o filósofo Philon de Alexandria, e viajou à Palestina encontrar-se com o Divino Mestre, conhecendo de perto o cenário de sua vida e os que dela participavam.

menino que jamais pisou o solo do planeta, o pequeno anjo impressentido que iluminou a vida simples do povo de Nazaré sem que suspeitassem de sua natureza sideral. Essa é a imagem do anjo-menino que faltava ser revelada aos amantes de sua mensagem, e que apenas Ramatís chegou a desvendar-nos, em toda sua ternura e encanto. Um presente para a sensibilidade de todos nós – o Menino Jesus, retratado de corpo inteiro como jamais o tinha sido.

Mariléa de Castro

Preâmbulo de Ramatís

Meus irmãos.

Esta obra prende-se a algumas lembranças do contato que tivemos com Jesus de Nazaré, na Palestina, e de indagações que fizemos a alguns dos seus próprios discípulos naquela época, e a outros, aqui no Espaço. Alguns quadros ou configurações de sua infância, adolescência e maturidade, pudemos revivê-los recorrendo aos arquivos ou "registros etéricos", fruto das vibrações das ondas de luz, no éter ou akasha dos orientais, que fotografa desde o vibrar de um átomo até a composição de uma galáxia.[1]

Em vez de tecermos uma biografia romanceada, em que a nossa imaginação ou do médium suprisse os elos faltantes ou obscuros, esforçamo-nos para deixar-vos uma ideia mais nítida e certa da realidade do Espírito angélico de Jesus, que jamais discrepou da vida física, pois viveu sem exorbitar dos costumes e das necessidades humanas. Atendendo à sugestão dos nossos Maiorais da Espiritualidade, procuramos esclarecer os leitores sobre diversos conhecimentos da vida oculta e prepará-los para as revelações futuras, com referência à contextura do seu espírito imortal. Eis os motivos das "divagações", que costumamos tecer propositadamente fora dos temas fundamentais de nossas obras, as quais então proporcionam aos nossos leitores o ensejo de uma doutrinação suave, indireta e desapercebida, que os auxilia a ajustar os

[1] "Conforme não mais ignoram os estudiosos e pensadores do Espiritismo, as poderosas sensibilidades etéricas, as ondas luminosas disseminadas pelo Universo, o fluido universal, enfim, sede da Criação, veículo da Vida, possui a prodigiosa capacidade de fotografar e arquivar em suas indescritíveis essências os acontecimentos desenrolados sob a luz do Sol, na Terra, ou pela vastidão do Infinito". Trecho extraído da p. 56, da obra *Dramas da Obsessão*, de Yvonne A. Pereira, editada pela Federação Espírita Brasileira.

fragmentos de suas próprias aquisições espirituais. O que lhes seria mais árido numa busca isolada sobre o espírito, fica-lhes mais atraente e fácil, quando disseminado em torno de um assunto vertebral na leitura espiritualista.

Há séculos que os homens desperdiçam seu precioso tempo na indagação de minúcias dos acontecimentos ocorridos em torno do Mestre Jesus. No entanto, descuram-se de considerar e praticar os seus admiráveis ensinamentos de redenção moral e espiritual. Quanto ao seu nascimento, certos estudiosos, baseados na história profana, o julgam nascido em Nazaré; e outros, conforme a tradição evangélica da Igreja Católica,[2] o crêem oriundo de Belém. E alguns chegam a atribuir o nascimento do Mestre Galileu, em Belém, à necessidade de se justificar a lenda criada para situá-lo na manjedoura e assim cumprirem-se integralmente as profecias do Velho Testamento.[3]

A tradição mitológica costuma sempre descrever o nascimento dos grandes iniciados ou avatares destinados a desempenhar relevantes missões sociais ou espirituais, como provindos de virgens e sob misterioso esponsalício estranho à ordem natural do sexo e da gestação. Krishna, Lao-Tse, Zoroastro, Buda, Salivahana e outros instrutores espirituais nasceram de virgens e através de fenômenos ou processos extraterrenos. Jesus, portanto, devido à sua elevada hierarquia sideral, também não escaparia de vir à luz do mundo sem alterar a virgindade de Maria e ser concebido "por obra e graça do Espírito Santo"!

Ainda existem outras preocupações quanto a certos acontecimentos, tais como se José e Maria realmente se movimentaram para atender ao recenseamento ordenado pelos romanos. Se isso aconteceu, só poderia ter ocorrido no reinado de Quirinus, após a queda de Arquelau. Mas se Jesus nasceu sob o poder de Herodes, conforme asseguram os dois evangelhos,[4] então a viagem de José e Maria rumo a Jerusalém não se realizou, porquanto no regime de Herodes não

[2] Nota do Revisor: Segundo o Evangelho de João, cap. 1, vers. 45-6, o apóstolo refere-se a Jesus de Nazaré, filho de José. Do fato de haver-se criado em Nazaré, é que resultou o cognome Jesus de Nazaré, embora tenha realmente nascido em Belém.

[3] Mateus, 2:23. Lucas, 2:4-7. Isaías, 9:6,7.

[4] Mateus, 2:1. Lucas 1:5.

houve qualquer recenseamento.

No entanto, estas discussões sobre as características ou minúcias dos acontecimentos ocorridos quanto ao nascimento de Jesus constituem perda de tempo, pois o aspecto mais importante é a sua vida de abnegação e sacrifício ilimitados, no sentido de "salvar" a humanidade. Belém ou Nazaré, o lar ou a manjedoura, corpo físico ou fluídico, milagres ou trivialidades são circunstâncias incapazes de influir sobre o conteúdo do seu Evangelho, o mais avançado código de leis de aperfeiçoamento espiritual. Jesus sempre viveu em si mesmo os ensinamentos e conceitos salvadores ensinados ao homem terreno; obviamente, é muito mais valiosa e importante a sua doutrina e não os aspectos humanos do ambiente onde ele nasceu e viveu. A consumação do seu holocausto na cruz foi o coroamento messiânico e a confirmação inconfundível de toda sua doutrina recomendada à humanidade e sem derrogar as leis do mundo material, pois os seus próprios "milagres" nada tinham de sobrenaturais, mas podiam ser facilmente explicáveis pelas leis da física transcendental com relação aos fenômenos mediúnicos hoje conhecidos.

Malgrado o terrícola ainda não possuir sensibilidade moral apurada, em condições de avaliar o imenso sacrifício e abnegação despendidos por Jesus para descer aos charcos do vosso mundo, são bem menores as lutas, angústias e os tormentos do pecador, no sentido de purificar-se até subir às esferas da angelitude, ante o martírio do anjo que renuncia às venturas celestiais dos mundos divinos, para descer ao abismo pantanoso dos mundos materiais, como sucedeu a Jesus.

É bem mais fácil e cômodo despojarmo-nos dos trajes enlameados e tomarmos um banho refrescante, do que vestirmos roupas pesadas e descermos a um fosso de lodo repulsivo e infeccionado, onde se debatem criaturas necessitadas de nosso auxílio.

Paz e Amor.

Ramatís

Maria e sua missão na Terra

PERGUNTA: — Por que motivos os Mestres Siderais escolheram o espírito de Maria para ser mãe de Jesus?

RAMATÍS: — O Alto escolheu Maria para essa missão porque se tratava de um espírito de absoluta humildade, terno e resignado, que não iria interferir na missão de Jesus. Ela seria a mãe ideal para ele, amorosa e paciente, sem as exigências despóticas dos caprichos pessoais; deixando-o enfim, manifestar seus pensamentos em toda sua espontaneidade original. Aliás, ainda no Espaço, antes de Maria baixar à Terra, fora combinado que as inspirações e orientações na infância de Jesus seriam exercitadas diretamente do mundo invisível pelos seus próprios Anjos Tutelares.

Embora Jesus fosse um espírito sideralmente emancipado e impermeável a qualquer sugestão alheia capaz de desviá-lo do seu compromisso messiânico, é evidente que ele poderia ser afetado, em sua infância, por uma influência materna demasiadamente viril, dominadora, egocêntrica, com sérios prejuízos para sua obra.

Muitos escritores, cientistas, líderes religiosos, poetas, pintores, músicos ou filósofos célebres tiveram sua vida bastante influenciada pelo domínio tirânico dos seus genitores, prejudicando de certo modo as qualidades extraordinárias de seus filhos.

Jesus teria de desempenhar um trabalho de sentido específico e de interesse comum a toda humanidade; seu tempo precioso não poderia ser desperdiçado no cultivo de qualidades artísticas, científicas ou em abstrações filosóficas do mundo profano. A sua obra seria prejudicada, caso seus pais tentassem impor-lhe rumos profissionais que alterassem os objetivos fundamentais da sua missão. Jesus precisaria crescer completamente livre e desenvolver suas forças espirituais de modo espontâneo, a fim de estruturar o seu ideal messiânico sem quaisquer deformações, desvios ou caprichos do mundo.

Jesus era um espírito de graduação angélica, distinto de todos os seus contemporâneos; e sua autoridade espiritual dava-lhe o direito de contrapor-se à própria família, desde que ela teimasse em afastá-lo do seu empreendimento messiânico. Eis, portanto, o motivo por que o Alto preferiu o espírito dócil e passivo de Maria para a missão sublime de ser mãe do Messias, protegê-lo em sua infância e não turbar-lhe a missão de amplitude coletiva.

PERGUNTA: — Como entenderíamos melhor essa condição passiva de Maria em não intervir na formação psicológica de Jesus durante sua infância, sendo ela sua genitora?

RAMATÍS: — Maria era toda coração e pouco intelecto; um ser amorável, cujo sentimento se desenvolvera até à plenitude angélica. No entanto, ainda precisaria aprimorar a mente em encarnações futuras para completar o binômio "Razão-sentimento", que liberta definitivamente a alma do ciclo das encarnações humanas. Ademais, além de participar do programa messiânico de Jesus, ela também resolvera acolher sob o seu amor maternal algumas almas a que se ligara no passado, a fim de ajudá-las a melhorarem o seu padrão espiritual. Embora muito jovem e recém-casada, não se negou a criar os filhos do primeiro casamento de José, viúvo de Débora, e que trouxera para o novo lar cinco filhos menores: Matias, Cleofas, Eleazar, Jacó e Judas, estes dois últimos falecidos bem cedo. À exceção de Jesus, que era um missionário eleito, os demais filhos de José e Maria eram espíritos comprometidos por mútuas responsabilidades cármicas do passado, cuja existência em comum serviu para amenizar-lhes as obrigações espirituais recíprocas.

Maria era um espírito amoroso, terno e paciente, completamente liberta do personalismo tão próprio das almas primárias e sem se escravizar à ancestralidade da carne. Possuía virtudes excelsas oriundas do seu elevado grau espiritual. Cumpria seus deveres domésticos e se devotava heroicamente à criação da prole numerosa, tão despreocupada de sua própria ventura como o bom aluno que aceita as lições de alfabetização, mas não se escraviza à materialidade da escola. Oferecia de si toda a ternura, paciência, resignação e humildade, sem quaisquer exigências pessoais.

Na época de Jesus, as escolas se multiplicavam em Jerusalém e mesmo pelas cidades adjacentes, pois ensinava-se em casa, nas ruas e nas sinagogas. No entanto, o ensino se particularizava por uma imposição religiosa, pois tanto as crianças como os adultos assim que aprendiam a ler devotavam-se a interpretar tudo o que se reportava à religião judaica. Eram estudos do culto, das concepções religiosas quanto às profecias e aos salmos, que transformavam cada alfabetizado em um novo cooperador intelectual e pessoal para o Templo. Sem dúvida, existiam estabelecimentos superiores, tais como as escolas rabínicas, na maioria filiadas à Escola de Hilel e preferida pelos fariseus, que ensinavam botânica, medicina, agricultura, higiene, direito, arquitetura etc. Mas as mulheres, afora o conhecimento primário para um entendimento razoável, eram destituídas de cultura geral. Maria, no entanto, era muitíssimo considerada em Nazaré, por ser exímia em bordados, costuras, tecelagem de tapetes de lã e cordas, ofício que aprendera durante a sua estada entre as virgens de Sião, no Templo de Jerusalém. Ela aproveitava todos os instantes disponíveis para contribuir com suas prendas e confecções no orçamento da família, que era precário em face do trabalho modesto de José, na oficina de carpintaria.

Embora mulher meiga e amorosa, anjo exilado na Terra, em face de sua modesta cultura e falta de conhecimentos profundos da psicologia humana, Maria vivia o imediatismo das reações emotivas e sem as complexidades do intelecto. Mas era tão dadivosa ao próximo como a fonte de água pura renova-se à medida que a esgotam; como a rosa que doa incondicionalmente o seu perfume, ela jamais se preocupava em saber qual o mecanismo que transforma o adubo do solo em fragrância tão odorante.

PERGUNTA: — Quereis dizer que devido ao seu temperamento meigo e generoso, Maria pôde viver longe dos conflitos tão comuns entre a vizinhança, mantendo-se imune aos problemas sentimentais da família? Não é assim?

RAMATÍS: — Se o amor doado por uma só criatura fosse suficiente para eliminar as manifestações agressivas e desagradáveis do mundo tão primário como é a Terra, é evidente que Jesus não seria crucificado, mas entusiasticamente consagrado pelos seus contemporâneos. Assim também acontecia com Maria, pois embora o seu amor intenso, incondicional e puro pudesse abrigar toda a família, os amigos, a vizinhança e até os estranhos, nem por isso pôde livrar-se de certa inveja, intriga, mesquinharia e ciúme de algumas almas de quilate inferior, que também viviam naquele mundículo de Nazaré.

É certo que nas imediações do seu lar vivia o povo nazareno, tradicionalmente hospitaleiro, religioso e serviçal; mas esse ouro da alma ainda se achava impregnado da ganga inferior das paixões e dos interesses mesquinhos do mundo. A cupidez, inveja, falsidade e avareza e as murmurações malévolas às vezes também estendiam seus tentáculos, procurando turbar a paz do lar tranquilo de Maria e José. Isso os obrigava a estoicas renúncias e abdicação do amor próprio, amenizando os mexericos da vizinhança, inquieta e rixenta. Só a ternura, a humildade, o amor e a paciência de Maria puderam transformar a intriga e o falatório tempestuoso de alguns, na brisa inofensiva da cordialidade. O seu sorriso angélico desfazia o ressentimento mais duro e abrandava o coração mais tirânico. Ela contornava com tal doçura os enredos de inveja e de ciúmes a lhe rondarem o aconchego do lar amigo, que conseguia desarmar os intrigantes mais capciosos e renitentes.

A Galileia não era um mundo de criaturas santificadas só porque ali vivia Jesus, o Messias, pois não é o tipo de raça, a latitude geográfica ou a tradição histórica de um povo o que imprime na alma humana o selo da espiritualidade. Isso é obra da transformação, do apuro de sentimentos e da maturidade espiritual, efetuados no seio da alma, e não de acordo com a mudança do ambiente. A alma vil e inferior tanto é própria do povo chinês, polaco ou judeu, como do egípcio ou hindu. E o povo judeu, na época, a par de suas virtudes tradicionais e fé religiosa, era cúpido, fanático, avaro e rixento. Às vezes, o animal ou a ave inocente pagava com a vida o fim da discussão violenta que os seus donos empreendiam por "cima da cerca". Doutra feita, a rixa entre as crianças assumia tal dramaticidade, que mobilizava os pais para a troca de imprecações e insultos na defesa das tradições e dos preconceitos da família. E à semelhança do que ainda hoje acontece nos cortiços, às vezes, motivos sem importância terminavam em violento pugilato.

Felizmente, José, embora homem severo e intransigente, sabia amainar essas tempestades emotivas, aliando-se à meiguice de Maria para sobrepairar acima dos mexericos perigosos. Malgrado tratar-se de uma família numerosa, aquele lar pobre, mas honesto, sustentou o clima psíquico adequado à eclosão das forças espirituais do Menino-Luz. Isto evitou desperdício de tempo e qualquer desvio na marcha messiânica do Mestre Amado.

Enquanto José se assemelhava ao carvalho vigoroso, sob cuja sombra protetora Jesus pôde crescer tranquilo, Maria era como o sândalo a perfumar o machado da maledicência, intriga e mesquinharia humana, que às vezes tentava ferir-lhe o lar.

PERGUNTA: — Naturalmente, a passividade materna de Maria não só ajudou Jesus a crescer emancipado pelas suas próprias ideias, como também a desvencilhar-se mais cedo dos laços afetivos e sentimentalismos da parentela do mundo. Não é assim?

RAMATÍS: — Realmente, havia sido combinado no Espaço, entre os participantes mais íntimos da missão de Jesus, que ele teria de despertar suas próprias forças espirituais e sentimentos angélicos na carne, livre de quaisquer influências educativas alheias. Todavia, ser-lhe-ia proporcionado um ambiente familiar pacífico, compreensivo e seguro, para não lhe perturbar a infância. Em face da contextura espiritual superior de Jesus, os apóstolos e cooperadores de sua obra messiânica ainda eram incapacitados para traçar-lhe diretrizes melhores das que ele já planejara no imo de sua alma. Por isso, dispensou qualquer método disciplinador ou guia humano, que devesse orientá-lo no mundo durante os 33 anos de sua vida física. Os seus Anjos Tutelares sempre o desviaram de quaisquer empreendimentos ou gloríolas profanas, embora dignas e meritórias, mas capazes de algemá-lo às preocupações escravizantes da vida humana.

PERGUNTA: — Embora considerando-se a modéstia intelectual de Maria e o senso prático de José, não lhes teria sido possível perceberem a diferença da natureza espiritual incomum de Jesus sobre os demais filhos? E isso não os faria se considerarem mais venturosos?

RAMATÍS: — Nem sempre os rasgos de genialidade e os arroubos extraordinários dos filhos incomuns são motivos de ventura para os pais. Às vezes confundem arrebatamentos de sabedoria com excentricidades inexplicáveis. O certo é que Jesus, embora fosse um menino dócil, respeitoso e algo tímido, era um Espírito de estirpe sideral muito acima do mais alto índice de inteligência e capacidade do homem terreno. Por isso, mesmo no período de sua infância, ele não se submetia aos padrões e preconceitos comuns da época, porque suas reações mentais e emotivas ultrapassavam as convenções comuns e o provincianismo do povo judeu. Ele não só causava espanto, mas até constrangimento entre os próprios companheiros de folguedos e as pessoas adultas, pois expunha ideias e conceitos bem mais avançados que o comum em seu tempo.

Em sua maneira pessoal de interpretar ou julgar as coisas de sua terra e de seu povo, o menino Jesus tinha respostas agudas e inteligentes, porém honesto no seu falar e jamais contemporizando com a malícia, capciosidade, hipocrisia ou perversidade. Não era ofensivo, nem petulante; respondia a todos com singeleza, respeito e até com timidez; mas ninguém conseguia modificar-lhe o modo franco e sincero de dizer as coisas, pois era inimigo de evasivas, rodeios ou acomodações interesseiras. Obediente ao seu inconfundível espírito de justiça, ele até seria contra a família e em favor do adversário, caso este tivesse razão. Afeiçoava-se facilmente a todos os seres e criaturas e os servia com o mesmo espírito de fraternidade e amor, pouco lhe importando a situação social ou humana. No entanto, suas atitudes francas e corajosas punham em choque até o espírito compreensivo de seus pais e semeavam indecisões entre os rabinos da Sinagoga. Muitas vezes, os adultos ficavam confusos ante a solução inesperada, de um nível de justiça acima do entendimento comum, que o menino Jesus expunha em suas dissertações vivas e eloquentes.

Semelhante situação confundia os seus familiares mais íntimos, ainda imaturos e incapazes de entenderem a fala do anjo e do sábio sideral, que não se disfarça sob as sutilezas capciosas e próprias dos homens empenhados na luta pelos interesses humanos. O menino Jesus, genial e franco, jamais podia enquadrar-se no esquema prosaico da criança comum, cujas emoções e pensamentos são um reflexo dos costumes e preconceitos da sua época. Evidentemente, Maria e José não podiam entrever naquele filho singular o fulgor e a têmpera do Messias, quando ele causava críticas e despertava censuras alheias pelos seus modos excêntricos ou estranhos. Ambos ainda não estavam capacitados para compreenderem uma conceituação moral tão pura e tão impessoal do ser humano, contrária às tradições seculares da vida do povo judeu.

PERGUNTA: — Maria jamais acreditou na missão de seu filho Jesus, ou chegou a pressenti-la próximo de sua morte?

RAMATÍS: — Graças à sua natureza mediúnica, Maria recebeu inúmeros avisos e advertências do seu guia espiritual, o qual insistia em informá-la da estirpe angélica de seu filho. Mas em face de suas obrigações cotidianas junto à família numerosa, ela esqueceu, pouco a pouco, as mensagens mediúnicas que lhe foram transmitidas nas vésperas de casar e antes de nascer Jesus. Mais tarde, em alguns raros momentos, sentia-se dominada por essa reminiscência, quando uma voz oculta lhe parecia confabular quanto à natureza incomum de seu filho.

Quando Jesus deixou a família, decidindo-se pelas suas peregrinações através das estradas da Judéia e de outros lugares próximos, Maria esqueceu os últimos resquícios de lembranças que ainda pudessem avivar-lhe a crença de ele ser um missionário. Após a morte de José, quando Jesus havia completado vinte e três anos, agravou-se o orçamento do lar e ela viu-se obrigada a mobilizar todos os esforços para superintender os gastos da família. Felizmente, meses depois, soube que Jesus chefiava um grupo de discípulos constituído por pescadores, camponeses, homens do povo e algumas mulheres devotas que o seguiam incendidas por um entusiasmo religioso contagiante. Maria não se surpreendeu com tais notícias e sentiu-se tranquila por ver seu filho devotado à tarefa pacífica de rabi itinerante e participando da inspiração religiosa do seu povo. Isso o ajudaria a suavizar aquela inquietação estranha, o misticismo exagerado e a rebeldia aos costumes e tradições comuns.

Maria sentiu-se grata ao Senhor pelo ensejo de seu filho preferir a profissão liberal e religiosa de interpretar entre os seus conterrâneos as regras e o repositório da sabedoria de Moisés. Mas os irmãos de Jesus, afora Eleazar, filho de José e Débora, e mais tarde Tiago, o menor, não lhe apreciaram devidamente a tarefa de rabi das estradas, pois isso não contribuía de modo algum para o orçamento precário da família. Acoimavam-no de chefe de uma corte de malandros e curiosos, que sonhavam entusiasticamente com um reino cômodo e próspero sem ficar devendo obrigações. Matias, Cleofas, conhecido por Simão, Eleazar e Elisabete já haviam casado e cooperavam na receita financeira e ajudavam Maria, já com 47 anos de idade mas ainda se mostrando sadia e moça. No entanto, ela não escondia a sua afeição incondicional por Jesus, Espírito a que se sentia afeiçoada no imo da alma há muitos milênios. Por isso, o desculpava e o defendia, malgrado as intrigas e a maledicência geradas pelos despeitados, a seu respeito.

Mas, à medida que se aproximava o término da missão de Jesus, embora ela ignorasse isso em vigília, uma estranha melancolia e esquisito sofrimento lhe invadia a alma. Súbito, sua alegria se transformava em temor; uma incontida dor lhe tomava o peito e desejaria espantar de si uma visão oculta que receava enfrentar na realidade. Inconscientemente, Maria se preparava para testemunhar os quadros mais dolorosos de sua vida, que seriam o martírio e a crucificação do seu querido filho, isento de culpa e de maldade. Alguns o chamavam de profeta de Israel, outros de libertador do povo judeu; porém, havia os que o diziam um louco ou imbecil, enquanto o Sinédrio espionava, tentando conhecer-lhe os projetos aparentemente sediciosos. Era, pois, um santo para uns ou perigoso anarquista para outros.

Obviamente, não havia razões plausíveis e justificações capazes de convencer Maria quanto à gloriosa missão espiritual de seu extremado filho, assim como a família do príncipe Sáquia-Múni jamais previu que o seu descendente seria Buda, o Iluminado Instrutor moral da Ásia. Enfim, Jesus talvez não passasse de um modesto Rabi da Galileia, entusiasmado pela obstinação de salvar os homens e redimir os pecados do mundo, conduzindo-os para um fantasioso reino semelhante à pátria de Israel. No entanto, quando ele, humilde e dócil como um cordeiro, aceitou o seu destino cruento sem mover os lábios na mais silenciosa queixa, Maria, então, pôde reconhecer ali no sacrifício da cruz o Messias — o Salvador dos homens!

Maria e o período gestativo de Jesus

PERGUNTA: — Maria viveu o período gestativo de Jesus à semelhança das outras mulheres?

RAMATÍS: — Sem dúvida, pois não houve nada de anormal quanto aos aspectos comuns do fenômeno da gestação humana. Aliás, comparada à maioria das gestantes terrenas, em geral assediadas por certas reações psíquicas um tanto agitadas, Maria foi uma parturiente feliz, vivendo esse período imersa num mar de sonhos e de emoções celestiais provindas tanto do espírito de Jesus, como da presença dos anjos que o assistiam.

PERGUNTA: — As emoções psíquicas de Maria, devido à presença de Jesus em sua ligação carnal, não se refletiam também em José, o qual, como pai, era um escolhido pelo Alto para desempenhar tal missão?

RAMATÍS: — José, às vezes, temia certo desequilíbrio psíquico de Maria, procurando mesmo dissuadi-la de suas ideias sublimes, mas fantasiosas, considerando-as resultantes da fase delicada da gestação. Homem prático, realista e pouco dado a reflexões transcendentes, jamais admitiria ser merecedor de uma graça tão elevada, quanto à convicção de sua esposa, de gerar um filho genial ou iluminado Espírito missionário destinado a salvar o povo de Israel ou a redimir a humanidade.[5] Sendo bem grande a diferença existente entre o "reino de Deus" e o reino dos homens, José já se sentiria bastante venturoso caso o Senhor lhe enviasse um filho de

[5] "E conceberás em teu ventre e darás à luz um filho a quem chamarás Jesus. Este será grande e será chamado o Filho do Altíssimo, e o Senhor Deus lhe dará o trono de seu pai Davi, e ele reinará no futuro sobre a casa de Jacó e seu reino não terá fim." (Lucas, 1:31-33).

bons costumes, laborioso, obediente às leis da Torá e capaz de, mais tarde, ajudá-lo na oficina de carpintaria. Talvez se tornasse um rabi e intérprete dos ensinamentos de Moisés; quiçá, um modesto terapeuta ou discípulo externo da congregação silenciosa dos essênios, que se disseminavam pacificamente pelos montes da Judéia, da Arábia, da Pérsia e da Índia.

José era um homem de costumes regrados, frugal à mesa e avesso aos vícios e às paixões inferiores. Alimentava-se comumente de frutas, vegetais, cereais, e disciplinava a família sob as normas da educação essênia, que aprendera com os anciães do Monte Moab. Não descria da reencarnação e conhecia a Lei de Causa e Efeito quanto à sua responsabilidade moral; mas ignorava os elos intermediários da verdadeira hierarquia espiritual, considerando Jeová e seus anjos uma classe de seres à parte, que deveriam morar distante das torpezas humanas e sem descer à humilhação de habitar um lar tão modesto quanto o seu. José ainda se considerava grande pecador, por isso, a visita assídua de um anjo, em sua casa, conforme lhe assegurava Maria, deveria ser fruto de sua imaginação e sensibilidade espiritual. Ouvia as estranhas revelações de sua esposa, mas disfarçava, tanto quanto possível, a sua incredulidade quando ela lhe falava do seu anjo de guarda resplandecente e do destino glorioso de seu futuro filho. Deliciava-se com a alegria da maternidade da companheira feliz, ouvia-lhe as cogitações sublimes, as quais atribuía à esperança de toda mãe jovem em sempre gerar um filho talentoso, destinado às glórias e aos louvores. José ignorava, no entanto, que Maria ficava semimediunizada pela presença excelsa de Jesus em ligação ao seu regaço materno, o qual lhe transmitia emoções angélicas, fazendo-a um prolongamento vivo do seu glorioso Espírito.

PERGUNTA: — Apreciaríamos saber se, além da elevada emotividade espiritual despertada pela presença do Espírito de Jesus e seus anjos, Maria também revelou alguns dos fenômenos peculiares às gestantes terrenas?

RAMATÍS: — Cumprindo o ciclo fisiológico da gestação do corpo de Jesus, Maria também viveu os fenômenos próprios de certas parturientes, tais como a depressão sanguínea, o incômodo respiratório e a fadiga devido à nutrição de mais uma vida em seu seio. Até os "desejos excêntricos", manifestos comumente nas gestantes, ela os revelou algumas vezes. No entanto, a presença do sublime Jesus sensibilizou de tal modo o seu sistema endócrino, que Maria passou a sentir profunda repugnância por qualquer alimento carnívoro e seus derivados. O paladar apurou-se e a sua preferência era por alimentos delicados, como os pãezinhos de centeio com mel de figo, sucos de frutas e de cerejas, que coincidiu do Mestre Jesus também preferir em sua vida terrena.

As suas amigas e vizinhas esmeravam-se em atender-lhe o gosto nutritivo, procurando até frutas "fora do tempo", para fazerem os gostosos xaropes e caldos das polpas frutíferas.

PERGUNTA: — Estranhamos que o Espírito de Jesus, antes de encarnar-se, já despertasse em sua genitora essa tendência particular por uma alimentação à base de pães de mel, sucos de frutas ou caldo de cerejas, e a repugnância pela carne. Desde que ele ainda não despertara na carne, como poderia sugerir a Maria o desejo por iguarias de sua futura preferência?

RAMATÍS: — Entrando em contato novamente com a carne, Jesus passou a evocar psiquicamente as reminiscências de suas existências já vividas no orbe. Como se tratava de espírito de alta estirpe sideral, ele sempre viveu na Terra de modo simples, frugal, avesso à carne e nutrindo-se com as mais delicadas dádivas da Natureza, incutindo bons estímulos sobre o psiquismo de Maria e sugerindo-lhe alimentos sadios e delicados, como ele realmente os preferia toda vez que se manifestava na matéria, pois condiziam eletivamente com sua natureza superior.

Os gostos e as preferências que haviam sido habituais a Jesus nas últimas existências terrenas, transformaram-se em evocações a convergir para o psiquismo de Maria, sua futura mãe, despertando-lhe reações químicas no sistema endócrino e sugerindo "desejos" por alimentos sadios, como vegetais, frutos, sucos e pãezinhos com mel de figo.[6]

[6] Em nossa família ocorreu um caso que justifica as asserções de Ramatís. S. L. F., nossa parenta, quando grávida de seu segundo filho, passou a detestar a carne que tanto apreciava, manifestando repugnância instintiva e violenta ao simples olfato de alimentos carnívoros. Passou a nutrir-se quase que exclusivamente de arroz e

Sob a lei de correspondência vibratória espiritual, o corpo carnal de Maria tornou-se a tela ou o revelador do psiquismo delicado de Jesus; e as impressões psíquicas dele ativaram-lhe os estímulos físicos, despertando-lhe o gosto por alimentos de natureza superior; e a sua condição de espírito angélico provocou seu repúdio à carne. As recordações associam ideias e despertam desejos conforme sejam as evocações feitas pela mente humana. As crianças, por exemplo, aceleram o seu metabolismo endócrino e produzem sucos digestivos adequados ao consumo de chocolate à simples aproximação ou mesmo lembrança das festas de Páscoa. Tratando-se da tradicional festa dos "ovos de coelhinho" feitos de chocolate, eles associam na sua mente as imagens dos bombons, que estimulam o organismo na produção de sucos e hormônios próprios para digerirem essa substância, tal qual acontece à perspectiva de algum aniversário na família, na antevisão das prováveis gulodices "pensadas" pelos seus participantes e convidados.

Os "sujets" que são hipnotizados e regridem até à infância por força sugestiva dos hipnotizadores, costumam recusar alimentos ou iguarias que também não apreciavam e não suportavam no período infantil. Esse regresso do "sujet" hipnotizado, às vezes, até à condição de lactente, torna-se algo divertido, porque ele recusa alimentos próprios dos adultos, mas se satisfaz com o leite e seus derivados. Em verdade, as sugestões impostas ao "sujet" pela vontade do hipnotizador, convencem-no de ser criança tenra; e então a mente instintiva frena o trabalho do sistema endócrino e reduz a produção dos sucos gástricos e digestivos que não sejam adequados à alimentação à base de leite.

Eis por que durante a composição do seu organismo etéreo-físico, Jesus também associou os elementos e as substâncias do mundo material de que já se havia servido no pretérito, projetando, então, na mente de sua futura mãe, as imagens nutritivas simpáticas e familiares à sua preferência. Aliás,

---

saladas, deixando os seus familiares receosos de uma anemia em fase tão delicada, mas não puderam demovê-la dessa alimentação. Finalmente, nasceu-lhe o filho, o qual, apesar de descender de pais brasileiros, tem a fisionomia exata de um indochinês, avesso a qualquer tipo de carnes ou derivados e se alimentando com arroz e ovos. Hoje, moço de 22 anos, é admirador das músicas do Oriente, principalmente a ópera "Turandot", de Puccini, cujo enredo e musicalidade se passam na Indochina, terra de Ramatís. Aliás, mais tarde, soubemos que ele fora realmente dançarino de cerimonial religioso num pagode da China, na divisa com a Índia.

eram alimentos que condiziam também com a contextura espiritual de Maria, embora ela estivesse familiarizada com uma nutrição mais pesada.

PERGUNTA: — Poderíeis dizer-nos se todos os desejos extravagantes tão comuns a certas gestantes são provocados exclusivamente pelos espíritos em processo encarnatório?

RAMATÍS: — Repetimos: em qualquer manifestação da Vida não há regra sem exceção. Em consequência, nem todas as mães revelam desejos insólitos ou excêntricos durante a fase de gestação de seus filhos; nem todos os desejos manifestos nessa fase tão delicada provêm do espírito em encarnação.

A gravidez acentua a sensibilidade da mulher e ela também pode evocar no subconsciente os próprios gostos nutritivos e desejos da infância esquecida, ou mesmo preferências por certas guloseimas e frutos raros, que estimulam "desejos excêntricos" e manifestos fora da época. Porém, a maioria dos desejos extemporâneos da mulher no período gestativo são realmente provocados pelos espíritos que se ligam ao ventre materno durante a sua encarnação. No entanto, as almas sublimes elevam e apuram a sensibilidade psíquica de sua futura genitora ao transmitirem-lhe impressões sadias e reflexões nobres. Certos espíritos, como os iogues ou líderes espiritualistas do Oriente, que foram no pretérito absolutamente vegetarianos, quando se reencarnam novamente na Terra, despertam em suas mães desejos por certas frutas como tâmaras, azeitonas, figos, vegetais e sucos delicados que eram de sua preferência no passado. Mas as almas torpes e infelizes, além de semearem ideias lúbricas e conturbadas em suas genitoras, também lhes fazem preferir alimentos incompatíveis com sua índole habitual.

Jesus, espírito angélico, influenciava sua mãe para uma alimentação sadia, frugal e à base de frutas e sucos de vegetais; no entanto, Nero, Tamerlão, Rasputin ou Heliogábalo, ao renascerem na carne estimularam suas genitoras para a alimentação carnívora repulsiva, impregnada de álcool ou fortes condimentos. Enquanto o espírito formoso de Maria deu vida a Jesus, Cordeiro de Deus, Agripina gerou Nero, alma cruel e degradada em sua época; fato que nos comprova a perfeita sintonia da lei de afinidade espiritual.

PERGUNTA: — Poderíeis exemplificar-nos esses casos de modo mais objetivo?

RAMATÍS: — Suponde que certo espírito oriundo da Índia e em processo de encarnação no Ocidente, vegetariano absoluto em vidas pretéritas, transmite suas impressões psíquicas sobre a mente de sua futura mãe, despertando-lhe desejos por algo que ele apreciava, mas que não existe onde irá se encarnar. Então, neste caso certas parturientes manifestam desejos por guloseimas, frutas ou alimentos de que elas mesmas não sabem explicar a forma, o sabor e a qualidade, porque apenas refletem os estímulos só conhecidos do espírito encarnante.

Há frutas, no Ocidente e no Oriente, que apesar da semelhança na forma são diferentes no seu sabor; outras, no entanto, igualam-se no sabor, mas diferem profundamente no caldo, na polpa ou na configuração vegetal. Quem poderá transmitir a outra criatura o gosto exato do morango ou da jabuticaba, caso ela nunca os tenha visto ou experimentado?[7]

Eis por que a mãe que é vegetariana sente-se aflita se durante a gestação do seu futuro filho se lhe despertam desejos carnívoros; ou então outra surpreende-se ao verificar que passa a detestar a carne e a preferir a nutrição de frutas e vegetais. A verdade é que o corpo carnal da mulher na fase gestativa se transforma em convergência e na revelação dos desejos e das preferências da alma encarnante, que se esforça para impor o seu comando instintivo desde o primeiro contato com a matéria.

[7] Nota do Médium: O caso de nossa parenta S. L. F., citado há pouco em rodapé, ajuda a clarear mais esses dizeres de Ramatís, pois durante a gestação do seu filho que descrevemos e hoje tem 22 anos, ela desejou a todo transe comer uvas, em época quase imprópria. Com muito custo seu esposo conseguiu-lhe algumas espécies de uvas obtidas nos frigoríficos de Curitiba; mas, para seu espanto, nenhum tipo de uva a deixava satisfeita. E o caso parecia insolúvel, quando um nosso amigo, estudioso do Oriente, teve excelente intuição, certo de que S. L. F. tinha desejos de comer "uvas japonesas", isto é, frutas miúdas, que dão em cachos pequenos, mas nos arvoredos e cujo sabor lembra algo da ameixa amarela. Realmente, nossa cunhada deu-se por satisfeita com as uvas japonesas e conforme já dissemos anteriormente, embora o seu filho descenda de brasileiros e europeus, ele é o tipo exato de um indochinês, devoto das músicas japonesas, hindus e chinesas, além de ser absolutamente vegetariano.

Maria e o nascimento de Jesus

PERGUNTA: — Reza a tradição bíblica que um anjo visitou Maria e anunciou-lhe que ela casaria com um homem da linhagem de Davi; e conceberia um filho varão destinado a salvar o mundo. Que dizeis sobre essa tradição religiosa?

RAMATÍS: — Maria contava 15 anos de idade quando seus pais, Joaquim e Ana, faleceram, com alguns meses de diferença entre os óbitos. Foi então acolhida por Simão e Eleazar, parentes de seu pai, que a encaminharam para o grupo das Virgens de Sião, no templo de Jerusalém. Ali permaneceu cerca de dois anos, onde se dedicava a trabalhos tais como a confecção de túnicas de seda para as moças, mantos para os sacerdotes, ornamentos, enxovais e pequenos tapetes de veludo e de lã para as cerimônias religiosas. Além disso, tocava cítara e cantava os salmos de Davi, em coro com as demais jovens.

Era uma jovem de raríssima beleza e avançada sensibilidade psíquica na época. Espírito dócil, todo ternura e benevolência, fortaleceu a sua juventude no ambiente monástico do templo, sem rebeldia ou problemas emotivos, no qual ainda mais aprimorou o seu alto dom mediúnico. Desde menina tinha visões espirituais, reconhecendo velhos parentes desencarnados e depois os seus próprios pais, que lhe apareciam de modo surpreendente. Em sonhos eles diziam-lhe que ela ainda seria rainha do mundo, como a mediadora consagrada para um elevado anjo em missão junto aos homens.

Em sua consciência física, Maria desconhecia que também era entidade de condição angélica; e quando identificava pela sua vidência uma belíssima criatura, ela supunha tratar-se do "anjo de guarda", porque ele se assemelhava, fisionomicamente, às velhas oleografias dos anjos da tradição hebraica.

Não conseguia explicar satisfatoriamente aos seus familiares e amigos os fenômenos incomuns que se davam consigo, mas afirmava sempre que o seu anjo de guarda não só a visitava em sonhos, mas também em estado de vigília, ministrando-lhe conselhos e orientações para o futuro. Quando José, viúvo, embora mais velho e pai de cinco filhos, a pediu para esposa, ela aceitou-o imediatamente, sem mesmo refletir, explicando que há muito tempo o seu anjo tutelar lhe havia aconselhado tal esponsalício com um homem bem mais idoso e viúvo. É óbvio que se tratava de visões reais, conforme a fenomenologia espírita hoje as explica satisfatoriamente mediante as faculdades mediúnicas.[8]

Embora Maria ignorasse a que estranhos caminhos o destino a levaria, as entidades que a assistiam aconselhavam-na a aceitar o viúvo José como esposo e companheiro, pois havia sido escolhido no Espaço para a elevada missão de pai do Messias, na Terra. A tarefa desses espíritos não era isenta de decepções e obstáculos, porquanto enfrentavam a mais acirrada e furiosa investida das Sombras, na tentativa de impedir o advento de Jesus na face do orbe terráqueo. José e Maria, além de suas próprias virtudes espirituais defensivas, gozavam do prestígio e apoio de algumas falanges de menor graduação espiritual, porém vigorosas e decididas, que também se propuseram a cooperar na proteção do Salvador dos homens. E então, saneavam as imediações de Belém, desintegrando fluidos mórbidos e eliminando cargas magnéticas maléficas, a fim de proteger o nascimento de Jesus sob circunstâncias satisfatórias.

Depois de casada, certa vez, achando-se em profundo recolhimento, sob o doce enlevo de uma prece, Maria, dominada por estranha força espiritual, sentiu-se fora do organismo carnal e situada num ambiente de luzes azuis e róseas rendilhadas por uma encantadora refulgência de raios safirinos e reflexos opalinos; e então, com grande júbilo, ela reconheceu, de súbito, o seu devotado anjo de guarda, que a felicitou, di-

[8] Dom Bosco, Antônio de Pádua, Teresinha de Jesus, Francisco de Assis, e outros luminares da Igreja Católica, inclusive alguns papas, também tiveram visões mediúnicas inconfundíveis.

zendo que o Senhor a escolhera para ser mãe de iluminado Espírito, o qual aceitaria o sacrifício da vida humana para redimir os pecados dos homens. Envolvida por um halo de perfumes, misto de doçura do lírio e da fragrância do jasmim, sentindo-se balsamizada por suave magnetismo, viu seu guia apontar-lhe alguém, a seu lado, dizendo-lhe que se tratava do Espírito do seu futuro filho. Maria vibrou de júbilo e quis postar-se de joelhos, quando percebeu a sublime entidade recortada num halo de luz esmeraldina, claríssima, cuja aura se franjava de tons róseos e safirinos respingados de prata, a sorrir-lhe docemente. Então a entidade que seria Jesus, o Enviado do Cristo à Terra, chamou-a sob inconfundível ternura e pelo seu "nome sideral", recordando a Maria o compromisso de fidelidade espiritual assumido antes de ela encarnar-se. No recesso de sua alma, ela evocou o passado, sentindo-se ligada ao magnífico Espírito ali presente, e clareou-se-lhe a mente ante a promessa que também fizera de recebê-lo no seu seio como filho carnal.

O maravilhoso contato espiritual com Jesus fez Maria reavivar todas as recordações do pretérito e recrudescer-lhe a saudade do seu mundo paradisíaco. Enquanto uma sombra de angústia lhe invadia a alma, ao assumir novamente o comando do corpo carnal, ela sentiu prolongar-se na sua consciência física aquele êxtase de Paz e Amor, que a envolvera ante a presença do ente sublime e amoroso a encarnar-se como o seu primeiro filho. Embora sem poder definir claramente o acontecimento tão singular, Maria narrou a José o impressionante quadro que lhe despertara a mais sublime emoção espiritual, e a certeza de vir a ser mãe de um formoso anjo descido dos céus. José, homem de senso prático e prudente, avesso a sonhos e a fantasias improváveis em sua vida tão pobre, fitou a jovem esposa e apenas sorriu, certo de que todas as mães só esperam príncipes, como filhos, e não homens comuns.

PERGUNTA: — Maria, quando em vigília, não guardava certeza de que seria realmente a mãe do Messias?

RAMATÍS: — A elevada estirpe espiritual de Maria era suficiente para convencê-la intimamente da possibilidade de vir a ser mãe de algum elevado espírito, pois isso seria o corolário de sua própria graduação angélica. Na Terra, os pais talentosos ou bem apessoados jamais admitem a possibilidade de gerarem descendentes feios, imbecis ou atormentados. E Maria não era criatura rude, presunçosa ou vaidosa, mas sim mulher terna, humilde, carinhosa e jovial, apesar de sua falta de cultura e dificuldade de raciocínios incomuns. Avessa à crítica, à maldade e à ironia, era modesta no seu viver. A sua meiguice e o seu sorriso angélico tornavam-na capaz de atrair as mais puras amizades. Quando solteira fora o centro de convergência da confabulação e dos segredos das jovens companheiras; casada com José, todos os seus vizinhos, amigos e parentes a conheciam pela suave denominação de "Doce Maria".

Jamais alguém a viu altercar com os seus filhos ou com os de José, pois estes também a chamavam de mãe e lhe tributavam todo o carinho filial. Espírito angélico, pertencia à mesma hierarquia dos Amadores, embora sem poder igualar Jesus em sabedoria sideral. Assim, quis o destino, portanto, que ela habitasse a Judéia e do seu esponsalício com José, viúvo de Débora, devesse gerar o corpo físico do sublime Espírito de Jesus e atender à vontade do Senhor, em benefício da humanidade terrena.

PERGUNTA: — Porventura o fato bíblico de Jesus ter nascido da "linhagem" de Davi não teria sido arranjo dos evangelistas, para justificarem a profecia de Isaías? (Isaías, 9:6,7).

RAMATÍS: — Em face do avançado metabolismo espiritual de Jesus e pelo fato de ser um missionário, em vez de alma sob retificação cármica de existências passadas, ele merecia o comando de um organismo da melhor linhagem biológica carnal, proveniente de ancestrais zelosos de sua espécie. Esse organismo carnal, além de tudo, deveria possuir um cérebro físico capaz de resistir sem se desintegrar, quando atuado pelo fabuloso potencial do Espírito de Jesus até o prazo messiânico cronometrado pelo Alto. A sua sensibilidade incomum e a capacidade de visão panorâmica sobre a vida cósmica faziam-no merecedor de um equipo carnal da mais apurada genealogia entre as melhores estirpes humanas da Terra.

Havia muitos séculos os psicólogos siderais já investigavam as linhagens e as gerações judaicas, quanto à sua resistência biológica ancestral, a fim de garantir o êxito do

Messias na Terra e proporcionar-lhe um instrumento carnal à altura do seu merecimento e natureza de sua missão. Em consequência, foram selecionadas diversas famílias hebreias e feita a apuração do seu coeficiente de higidez no exame de suas gerações. Disso resultou que tanto a descendência de Hilel quanto a de Davi apresentavam os genes mais saudáveis e de melhor vitalidade. Em seguida, os Mestres Siderais optaram pela estirpe hereditária de Davi como fundamento ancestral do organismo de Jesus, embora ele tenha sido um famigerado devastador de povos e desencarnado seriamente comprometido em espírito. O certo é que os seus descendentes, por orgulho de raça ou por inspiração superior, há muitos séculos vinham preservando a sua linhagem carnal, mantendo-a sadia e com um equipo nervoso de alta sensibilidade, adequado para as atividades do Messias, na Terra. Os últimos remanescentes de Davi não só eram vegetarianos, como avessos às especiarias, tóxicos, condimentos, álcool e vícios que afetam o perfeito equilíbrio da saúde.

PERGUNTA: — A natureza espiritual angélica de Jesus não era suficiente para dispensar tais preocupações seletivas da genética para a composição do seu corpo? É o espírito que se impõe à matéria ou esta é que algema o espírito?

RAMATÍS: — Quando é enxertada a muda frutífera de qualidade superior no chamado "cavalo selvagem", ou tronco da planta agreste, ela termina sucumbindo sob as vergônteas nutridas pela seiva demasiadamente vigorosa e primitiva. O mais exímio motorista não consegue sobrepujar a insuficiência mecânica e a má qualidade do veículo inferior que dirige, embora ele seja um ás do volante.

Sem dúvida, o Espírito de Jesus poderia influir e desenvolver seu corpo carnal sadio e equilibrado por força de sua graduação superior, sem necessidade de seleções genéticas. Mas o fato é que ele mesmo teria dito: "Eu não vim destruir a Lei, mas cumpri-la." Em consequência, não viera à Terra produzir milagres e praticar distorções ou exercer privilégios, mas apenas cumprir a vontade do Pai que está nos céus. O principal fundamento de sua missão junto à humanidade terrena era o de servir-se das mesmas oportunidades e submeter-se às mesmas leis a que se cingiam os demais homens, a fim de não semear desconfianças capazes de o tornarem um ídolo e não um guia.

Seria algo cruel que Jesus, depois da sua descida tão sacrificial, como o príncipe que abandona o seu palácio feérico e sua paz venturosa para servir os homens pecadores, ainda tivesse de mobilizar todos os seus recursos angélicos para superar os genes inferiores de um organismo proveniente de alcoólatras, epilépticos ou sifilíticos.

Jesus não era um malfeitor ou um estigmatizado por crimes pretéritos; mas sim, um espírito em missão sacrificial, que abdicava de sua mansão celestial para orientar a criatura humana, ainda escrava dos grilhões da animalidade. Por consequência, ele merecia o "melhor", no sentido de ser-lhe facultado um corpo biologicamente equilibrado.

PERGUNTA: — Qual o fundamento da tradição religiosa que serviu para o catolicismo assegurar o dogma de que Jesus foi concebido por "obra e graça do Espírito Santo e nascido de uma virgem"?

RAMATÍS: — Essa concepção deve-se à própria Bíblia, no Velho Testamento, quando os profetas prediziam que o Messias deveria nascer de uma virgem, e conforme o evangelista Mateus também o confirma, no Novo Testamento, dizendo: "Maria, sua mãe, desposada com José, sem que tivessem antes coabitado, achou-se grávida pelo Espírito Santo" (Mateus, 1:18).

Os antigos profetas procuraram deixar aos pósteros algumas indicações que, no futuro, os fizessem reconhecer o Messias; mas a insuficiência humana não pôde entender os sinais exatos e prematuros da realidade do seu nascimento. As sucessivas e deficientes traduções dos livros sagrados também contribuíram para obscurecer o sentido concreto dessas alegorias proféticas, e mais tarde interpretadas de um modo fantasioso. A Bíblia predisse que o Messias teria de "nascer de uma virgem e ser concebido por obra e graça do Espírito Santo", mas com isso não desmentiu o processo natural da gestação humana; apenas indicou o sinal mais importante do advento e da identificação do Messias, ao vir à Terra.

Jesus, portanto, como o primeiro filho gerado por Maria, nasceu realmente de uma virgem, pois virgem era sua jovem genitora quando deixou o templo de Jerusalém para se casar com José. Assim, cumprira-se a profecia e fora identificado o primeiro indício da presença do Messias na Terra, para que a humanidade então o conhecesse no futuro e aceitasse os seus ensinamentos libertadores do espírito humano. O primeiro filho nascido da primeira concepção conjugal, como no caso de Maria, era realmente de uma origem imaculada.

Maria, pela sua estirpe elevada, era um anjo descido dos céus e, portanto, um "espírito santo", corroborando mais uma vez a predição da Bíblia. No seu corpo virginal e por obra do seu "espírito santo", gerou-se nela o corpo do Messias em cumprimento à profecia do Velho Testamento. A velha lenda dos nascimentos sagrados e miraculosos, das mães virgens e dos espíritos santos, como Hermes, Orfeu, Zoroastro, Krishna e Buda, também foi atribuída literalmente ao nascimento de Jesus, na ingênua suposição do sacerdócio organizado, de valorizá-lo acima do mecanismo da concepção carnal humana.

A vida monástica das criaturas que fugiram dos pecados do mundo profano e se retiraram para os conventos, quase sempre lhes produz na mente uma exagerada desconfiança e prevenção contra o sexo humano, ao qual então atribuem a culpa de quase todas as mazelas do mundo. Assim, as organizações religiosas terrenas tudo têm feito para situar os seus Messias, Avatares ou Instrutores espirituais acima do processo das relações sexuais, pois o consideram um ato pecaminoso ou impuro. Obviamente eles então devem nascer de virgens em divino esponsalício com espíritos santos, ou então de raios fulgurantes ou gênios fabulosos, que os cercam de esplendores e glórias, independente da genética sexual do mundo físico.

PERGUNTA: — Mas a natureza excepcional do Espírito de Jesus, porventura não exigiria, realmente, um processo genético mais elevado para a sua manifestação na Terra, independente do mecanismo sexual?

RAMATÍS: — Se o mecanismo sexual da concepção da vida humana é considerado um processo inferior, isso não é culpa de Deus, que o criou para a manifestação do ser, na matéria. A responsabilidade é do homem que o transforma num processo para satisfação de suas paixões aviltantes. Embora se considere a supremacia espiritual incomum de Jesus, nem por isso ele precisaria derrogar as leis imutáveis da Vida e alterar o processo da genética humana, para encarnar-se no seio da humanidade. Tanto o anjo quanto o espírito inferior só podem ingressar na carne terrícola através da porta do ato sexual, que não é nada aviltante, mas apenas um processo estabelecido por Deus para o advento do homem. Qualquer outra explicação ou escusa não passa de fantasia ou arranjo subjetivo, incapaz de encobrir a verdade. Conforme já dissemos anteriormente, enquanto o espírito primitivo se encarna instintivamente arrastado para o ventre materno, Jesus, devido à sua natureza excepcional, despendeu um milênio do calendário humano, na sua descida espiritual, a fim de acasalar-se à carne. Obviamente, não seria o modo de ele nascer na carne o que, realmente, lhe comprovaria a supremacia espiritual, mas, acima de tudo, o imenso sacrifício para ele atingir a matéria e a sua morte heroica e serena, em holocausto à humanidade pecadora.

Ainda hoje existem, no vosso mundo, famílias de zonas rurais cuja higidez de raça e de metabolismo orgânico é isenta de enfermidades luéticas, vícios ou paixões aviltantes da vossa civilização, que também poderiam fornecer um corpo sadio a Jesus sem desmerecê-lo na sua elevada natureza espiritual. Se, através de maravilhoso quimismo, Deus transforma monturos de estrume em rosas e cravos perfumados, por que Jesus, tão sábio e excelso, não poderia manifestar, por um corpo de carne, gerado pelo processo comum, a mensagem do amor e da paz entre os homens?

Quando os evangelistas se referem a Jesus, nos seus Evangelhos, eles deixam patenteada a sua condição de filho de Maria e de José, como um fato concreto e indiscutível na época, e sem qualquer alusão ao Espírito Santo. O evangelista Marcos é muito claro, quando diz: "Olha, tua mãe, teus irmãos e irmãs estão lá fora à tua procura" (Marcos, 3:32). O evangelista João também o confirma no seguinte: "Depois disto, vieram para Cafarnaum; ele e sua mãe e seus irmãos e seus discípulos" (João, 2:12). Mateus, apesar de responsável pela ideia de Jesus descender do Espírito Santo, também alude à exata filiação de Jesus no seu evangelho, explicando: "Porventura não é este o filho do oficial (carpinteiro), não se chama sua mãe Maria e seus irmãos Tiago, José, Simão e Judas?" (Mateus, 13:55). E acrescenta, no versículo 56: "E suas irmãs, não vivem entre nós?"

Em suma, todos os evangelistas são acordes em confirmar que Jesus era irmão de Tiago, José, Simão e Judas, Ana e Elisabete, mas filho de José, o carpinteiro; de onde se deduz que não era conhecido como gerado pelo Espírito Santo.

PERGUNTA: — Por que motivo então se forjou o dogma da Imaculada Conceição e de um Jesus concebido por obra e graça do Espírito Santo?

RAMATÍS: — São o sentimentalismo exagerado e o temor religioso, os motivos das criaturas suporem que os seus guias ou líderes são fruto de nascimentos miraculosos. À medida que se distancia a época em que atuaram tais homens excepcionais, a posteridade esquece, pouco a pouco, a vida natural ocorrida sob a disciplina das leis que regem o mundo, passando a cercá-los de uma auréola fantasiosa, de um mistério e divinização que satisfazem a exaltação do fanatismo religioso.

O sacerdócio organizado, cuja vida e sustento depende da especulação religiosa, explora a faceta humana negativa dos seus fiéis e crentes, em vez de esclarecê-los à luz da ciência e da razão. Assim, em breve, os líderes e instrutores espirituais perdem suas características humanas sensatas e atribuem-lhes poderes, milagres e lendas, que passam a alimentar o "combustível" da fé, da idolatria dos templos e o comércio de suas organizações. Com o decorrer do tempo e a proverbial fragilidade da memória humana, até os tiranos, criminosos, bárbaros e bandoleiros sanguinários, cujas vidas foram indignas ou perversas, chegam a ser redimidos pela literatura sentimentalista e pelos melodramas compungidos e lacrimosos do rádio, teatro e cinema.[9]

Em consequência dessa candidez de espírito, o que não

[9] Nota do Médium: No Brasil, isso acontece com o culto censurável a Lampião e seu bando de cangaceiros cruéis, cada vez mais "redimidos" pela cinematografia brasileira, que o transforma num herói cuja vida sangrenta e pródiga de vinganças bárbaras é romanceada sob o objetivo de obter o maior êxito de bilheteria! Em Portugal, o facínora José do Telhado tornou-se figura simpática e injustiçada; nos Estados Unidos, os bandidos Jesse James e Dick Turpin são aplaudidos pela juventude moderna, graças à propaganda do cinema interesseiro. Gengis-Khan, Átila, Cortez e Tamerlão, em vez de serem apontados como flagelos sanguinários que trucidavam mulheres, velhos e crianças como se tritura o trigo nos moinhos, são vividos atualmente pelos galãs cinematográficos como heróis fabulosos.

farão os discípulos, os historiadores, quando resolverem biografar os seus ídolos religiosos? De acordo com a história sagrada do vosso orbe, a maioria dos legisladores religiosos sempre nasceu de virgens e por obra de forças extraterrenas, ou de misteriosos esponsalícios independente do mecanismo natural do sexo e da gestação. Os livros dos assírios, dos hindus, dos caldeus, dos chineses e dos árabes são unânimes em assinalar nascimentos provindos de virgens e sob condições miraculosas. A tradição masdeísta conta que um raio da glória divina penetrou na mãe de Zoroastro, o notável legislador persa. Krishna nasceu de uma virgem e também Lao-Tse; a mãe de Buda teve um sonho em que o elefante branco (símbolo do espírito puro) entrou em seu seio e ela concebeu o Salvador da Ásia; Salivahana, da escolástica hindu, também foi concebido por uma virgem, que o recebeu em seu seio como a encarnação divina. O próprio Gengis-Khan, turbulento invasor da China, também era tido por filho de um raio solar descido sobre uma virgem eleita pelo Senhor dos Mundos. Dentro de alguns anos é possível que Mahatma Gandhi, assassinado a tiros, na Índia, também termine glorificado por um nascimento misterioso, em que um raio do céu o tenha gerado no ventre imaculado de uma virgem.

PERGUNTA: — Certos religiosos e até alguns espíritas acham que seria desdouro para um espírito tão elevado quanto Jesus, encarnar-se através do mecanismo sexual da procriação comum no mundo carnal.

RAMATÍS: — Repetimos: o sexo não é mecanismo aviltante, porém a porta abençoada da vida carnal e de acesso para as almas sofredoras poderem ressarcir-se dos seus pecados e remorsos de vidas anteriores. O corpo humano é o vaso ou o alambique onde se filtra todo resíduo menos digno aderido à contextura delicada do perispírito. Em suma: é o "fio-terra" que depois transfere para o solo o magnetismo deletério e os fluidos tóxicos do ser. O ato de procriar é importantíssimo para a felicidade das almas, pois em tal momento as forças angélicas descem do céu e se acasalam às energias vigorosas e agrestes da matéria, para então se gerar um corpo carnal. O fenômeno do nascimento, portanto, é um acontecimento divino e de valiosa significação para a vida do espírito e sua ascese angélica.

Por isso, Deus valoriza tanto as mães, sejam quais forem as suas condições sociais ou morais. Elas são sempre dignas do amor divino e do alto respeito espiritual, desde que não destruam nem abandonem o fruto dos seus amores lícitos ou pecaminosos. Só isto é bastante para redimi-las e elevá-las acima de qualquer outra mulher, embora virtuosíssima, mas que foge ao sagrado compromisso maternal. As infelizes criaturas devotadas à profissão do aborto, ou as mães que preferem a destruição do seu rebento prematuro, jamais podem avaliar, na Terra, o inferno pavoroso à sua espera após a desencarnação. Não existem vocábulos humanos, na linguagem do mundo, que possam dar uma ideia dos tormentos e do desespero dessas mães desnaturadas,[10] presas dos charcos repugnantes do astral inferior.

Cada corpo que se gera na Terra e desperta no berço físico, é um valioso instrumento de redenção espiritual para a alma aflita, enferma ou crestada pelo remorso, amenizar sua pavorosa dor e sofrimento espiritual. O espírito de passado delituoso refugia-se no biombo protetor da carne e ali se esconde, expurgando suas mazelas através de lutas, sofrimentos e lágrimas redentoras. Por isso, jamais o sexo avilta o processo criador, embora o homem, na sua febre de prazeres doentios, deponha ou inverta o seu sentido criador.

Eis por que Jesus não iria subestimar o processo gestativo tão comum no mundo terreno, nem aviltar Maria, sua própria genitora, expondo-a à crítica ferina da vizinhança e de sua época. Jamais se felicitaria pelo seu nascimento aberrativo e de um esponsalício duvidoso por parte do Espírito Santo, humilhando a dignidade de seu pai José, criatura enérgica e severa, porém justa e honesta.

A redenção do homem principiou justamente pelo fato de o Messias não ter fugido ao processo comum da gestação, mas ainda valorizá-lo com a sua presença e acatamento, malgrado a corrupção dos homens. O acontecimento de gerar-se, nascer, crescer e morrer no mundo terreno, Jesus o sintetizou

[10] Vide no capítulo "Os Charcos de Fluidos Nocivos do Astral Inferior", p. 309 da 1ª edição, ou 202 da 2ª edição, em que o espírito de Atanagildo descreve, com minúcias, o sofrimento das "fazedoras de anjos" no mundo astral, na obra *A Vida Além da Sepultura*, em co-participação com Ramatís.

num poema de respeito e consagração, sem recorrer a processos miraculosos que viessem a menosprezar a sinalética sexual. Após o seu advento, o nascimento do homem glorificou-se pela marca angélica recebida de tão alta entidade, e ainda se tornou mais digno de toda devoção, uma vez que não foi desprezado, nem pelo Messias, o Salvador dos homens!

PERGUNTA: — O nascimento de Jesus foi um acontecimento cercado por fenômenos incomuns e surpreendentes para sua cidade, ou só os perceberam Maria, José e os demais familiares?

RAMATÍS: — O nascimento de Jesus aconteceu sem quaisquer anomalias ou milagres de natureza ostensiva, tudo ocorrendo num ambiente de pobreza franciscana, assim como era o lar de Sara, velha tia de Maria, para o qual José levara a esposa a fim de ser assistida e protegida na hora do parto. Conforme já dissemos, Maria era uma jovem delicada, envolta por estranhas ansiedades e exaurindo-se facilmente durante o período gestativo; e isto requeria cuidados e atenções por parte do seu esposo.

A casa onde se haviam hospedado era paupérrima e dividida em dois aposentos; num deles amontoavam-se os móveis e os objetos de uso da família; no outro, além de servir de depósito, misturavam-se cabras, aves e carneiros. Das vigas pendiam ganchos com cereais, arreios, peles de animais e o peixe secava à altura do forro, onde a luz do sol penetrava por um retângulo. Sara e Elcana, tios de Maria, durante a noite estendiam um cobertor sobre a esteira e ali dormiam tranquilamente, sob o clima saudável e seco, pois nada lhes pesava na consciência de criaturas simples e honestas.

No momento do nascimento, Maria teve que ser acomodada às pressas, num recanto do aposento, sobre o leito improvisado com a esteira, cobertores e peles de cabra; e deste acontecimento a fantasia humana pintou a cena da manjedoura. Em verdade, Jesus nasceu num ambiente de pobreza e próximo dos animais que pertenciam aos seus parentes de Belém, cujo lar cederam prontamente para o seu nascimento, indo dormir as primeiras noites na casa vizinha. Porém, jamais José e Maria dirigiram-se a Jerusalém, para atender ao hipotético recenseamento, que não ocorreu naquela época, mas transladaram-se, deliberadamente, para Belém, em busca de auxílio para o acontecimento tão delicado.

O acontecimento, em verdade, foi de suma importância e bastante jubiloso para os familiares de Maria, quando verificaram que o seu primeiro filho era um querubim descido dos céus. Nisso, realmente, o fato fora excepcional, pois em Belém ou Nazaré ninguém se lembrava de ter nascido criança tão formosa, cuja fisionomia se mostrava envolta por estranhos fulgores. Sob o espanto de todos, o menino Jesus não apresentava as rugas características dos recém-nascidos, mas as faces rosadas, o semblante sereno e a quietude dos lábios traçados a buril, compunham a plástica de encantadora boneca viva, na qual, às vezes, transparecia um ar de gravidade ou divino poder.

PERGUNTA: — Por que as facções religiosas transformaram o nascimento de Jesus num acontecimento incomum e lendário, como nos relata a história sagrada?

RAMATÍS: — Embora Jesus tenha nascido sem produzir milagres que deveriam abalar seus familiares e a vizinhança, tal fato revestiu-se de suma importância no Espaço, em torno da Terra, onde os anjos que o acompanhavam em sua descida para a carne vibraram de intenso júbilo pelo êxito do mundo espiritual no advento do Messias. Era o mais esplendoroso acontecimento verificado até aquela época, pois através do sacrifício de alta Entidade Espiritual, as trevas terrenas, dali por diante, receberiam mais forte Luz Crística, em comunhão mais íntima com o seu Cristo Planetário. Jesus, o Messias, instrumento vivo hipersensível e descido dos céus, derramaria através de sua carne a Luz do Espírito do Senhor, ensejando a mais breve libertação do "homem velho", ainda algemado à força coerciva dos instintos animais.

Embora os homens ignorassem, em sua consciência física, a natureza excepcional do advento do Messias à face da Terra, e mesmo no seu nascimento não se verificassem fenômenos miraculosos, o certo é que todos os moradores na adjacência do lar de Maria e José sentiam um júbilo estranho e deliciosa esperança que lhes tomavam a alma num sentimento indefinível. Pairava no ar algo de excelso e de terno, flutuando numa ansiedade espiritual; e um suave magnetismo penetrava no espírito dos seus moradores. Os seres, nesses dias, passaram a entender-se pacificamente; ninguém reclamava em juízo quaisquer direitos, mostrando-se indiferentes aos litígios. A avareza e a ganância humana se enfraqueciam sob a força dessa influência desconhecida e salutar, que punha todos os interesses humanos em situação secundária.

Eis o motivo por que os religiosos criaram lendas e milagres em torno do nascimento do menino Jesus, na Terra, associando-lhe as mesmas fantasias atribuídas a outros instrutores espirituais da humanidade. Nenhuma estrela se moveu no céu, guiando reis magos até Nazaré, embora Melchior, Baltazar e Gaspar tivessem realmente procurado identificar o local onde se encarnara o Avatar prometido para aquela época. Eram velhos magos e experimentados astrólogos, que pela disposição extraordinária dos astros no signo de Pisces e além de sua profunda sensibilidade mediúnica, certificaram-se de que uma Entidade de alta estirpe espiritual teria nascido na Terra, naqueles dias proféticos para os conhecedores da Astrologia. Em consequência, devido aos seus cálculos astrológicos e à sua habilidade esotérica, puderam identificar que a posição conjuncional de Saturno, Marte e Júpiter marcava uma data sideral de suma importância para as atividades espirituais. Era um indício perfeito do clima vibratório favorável aos acontecimentos espirituais mais excelsos, pois o magnetismo suave e inspirativo do signo de Pisces, balsamizando o campo astrológico sobre a Judéia, e a presença simbólica da estrela assinalada há milênios, como o sinal incomum do Messias, compreendido na conjunção de Saturno, Júpiter e Marte, deram aos tradicionais magos a certeza do nascimento de Alta Entidade na superfície da Terra.

A natureza sublime de Jesus e suas hostes amigas irradiando a luz angélica sobre a atmosfera terrena, bafejava os corações dos homens e das mulheres mais sensíveis, despertando-lhes um sentimento de confraternização e convergência mental para os ideais superiores. Na verdade, consumado o nascimento do excelso menino no plano físico, os anjos, os mestres e os auxiliares espirituais do Senhor, então se prosternaram, felizes, embora exaustos da inconcebível tarefa de ajustar o poderoso Espírito de Jesus no corpo vibrátil do "beija-flor" humano, que surpreendia as criaturas mais pacatas e comovia as mais endurecidas. Em seguida, todos ergueram seus cânticos ao Magnânimo Autor da Vida e Lhe renderam graças pelo sucesso feliz do Messias despertar na carne humana, livre de defeitos ou lesões orgânicas, superando os objetivos malignos do comando das Trevas.

Mas a delicadeza orgânica do menino Jesus, dali por diante ainda passou a exigir rigorosa vigilância e proteção do Alto, pois os espíritos trevosos continuavam a investir tenaz e obstinadamente no sentido de abalar o seu corpo carnal. Eles haviam mobilizado os recursos mais astuciosos e ofensivos para impedir o advento de Jesus na Terra, uma vez que a mensagem crística do Evangelho terminaria roubando-lhes inúmeras criaturas ainda escravas dos vícios e das paixões terrenas, e vítimas para saciar-lhes os desejos mórbidos e atender-lhes os eventos pecaminosos do astral inferior. Com sua sanha diabólica, os inimigos da luz tentaram perturbar os próprios ascendentes biológicos de José e Maria, decididos a enfraquecer o organismo carnal planejado pelos Biólogos Siderais, e que deveria servir como instrumento messiânico na jornada redentora de Jesus.

PERGUNTA: — Gostaríamos de conhecer outros detalhes do júbilo dos anjos e de sua influência sobre a Terra, quando do nascimento de Jesus. É possível?

RAMATÍS: — É óbvio que essa influência sublime sobre os homens de bons sentimentos atuou pela via espiritual e não se fez ostensiva aos sentidos físicos. No entanto, alguns iniciados de Alexandria, Índia, Arábia e dos santuários essênios situados nos montes Moab, no Carmelo e Monte Hermon, na Judéia, também conseguiram identificar que um acontecimento de alta significação espiritual se dera na face do orbe, marcando, talvez, a descida de um Avatar. Isaías e Miquéias, os profetas que previram a vinda do Messias, no Velho Testamento, foram então lembrados, enquanto os astrólogos, iniciados e magos, consultando as cartas astrológicas e as posições raras dos astros, confirmaram, realmente, que se iniciava nova era de transformação moral e espiritual da humanidade, graças à presença de um Espírito poderoso no seio da carne humana.

Já dissemos, alhures, que uma estranha alegria e emoção paradisíaca envolveram as criaturas de bons sentimentos ante a presença de Jesus e dos seus anjos junto à Terra, tal qual na primavera as macieiras, as cerejeiras e os pessegueiros floridos, iluminados à luz do Sol e sob o azul sidéreo do céu, também despertam em nossas almas emoções mais ternas e as sentidas saudades de um mundo desconhecido, mas vivo no imo de nossa alma. A Terra ficou impregnada de fluidos sedativos e esperançosos, que amainavam as tempestades e as aflições humanas, enquanto se purificava o cenário triste do mundo material. Sob essa influência amorosa e pacífica, consolidaram-se fórmulas de paz e de construtividade entre os governantes e floresceram as artes; concretizaram-se projetos benfeitores e se multiplicaram iniciativas de amparo aos deserdados. Reis e chefes de tribos belicosas, movidos por um sentimento de magnanimidade, indultavam seus prisioneiros, alforriavam escravos e cessavam empreendimentos belicosos. Enfraqueciam-se as demandas violentas, multiplicavam-se a tolerância e a ternura nos corações dos homens, superando facilmente os impulsos destrutivos e violentos do instinto inferior.

Embora Jesus sempre tivesse permanecido em Espírito junto dos homens, durante a sua encarnação terrena, ele manifestou-se pessoalmente no seio da comunidade humana e envolveu-a diretamente com sua excelsa vibração sideral e vivência mais íntima com o Cristo Planetário. Em verdade, as potências angélicas haviam derrotado fragorosamente as legiões satânicas e Jesus atingira a carne terrícola, protegido e recebendo um organismo físico de genética sadia e de ótima contextura cerebral. Malgrado as investidas diabólicas do Comando das Trevas, ele pudera configurar-se num menino formoso e lúcido, que iniciaria a sua peregrinação física para entregar à humanidade terrena a mensagem de sua libertação espiritual.

Em torno do seu berço as potestades angélicas haviam colocado poderosas barreiras de luz, a fim de dissociarem qualquer carga de magnetismo nefasto ali projetado, com intenção de impedir-lhe a sublime missão crística. Jesus, realmente, vencera Satanás; e a Luz sublime do Anjo triunfara sobre o reino das Trevas!

PERGUNTA: — José, pai de Jesus, nunca percebeu algo de extraordinário em seu filho Jesus que o convencesse de tratar-se de uma entidade messiânica?

RAMATÍS: — Conforme já dissemos, José era um homem prudente e sisudo, e até incrédulo às visões mediúnicas frequentes de Maria, pois sua vida decorria num ritmo prosaico, de intenso trabalho e abnegação incessantes para com a família. No entanto, ele mesmo não pôde furtar-se aos fenômenos que lhe atingiram o espírito durante o nascimento de Jesus, quando, apesar de sua severidade e prudência espiritual, lhe pareceu distinguir sons e melodias indefiníveis, enquanto sua alma pressentia uma luz safirina e prateada. Temeroso da zombaria dos demais e não podendo identificar tais fenômenos pela sensibilidade física, então preferiu silenciar quanto a essa sensação estranha e aceitando-a mesmo à guisa de alucinação. No entanto, Maria, sua esposa, adormecida num transe feliz, viveu a plenitude dessas ocorrências venturosas, pois só teve conhecimento do despertar do seu filho excelso no mundo, quando ele já se achava tranquilo, deitado a seu lado, no singelo berço de palha.

Alguns rabis puros de coração, mais tarde, confirmaram que haviam pressentido ondas de luz e de perfumes durante o ofício na sinagoga, no momento presumível do nascimento do menino Jesus. Enquanto isso, pastores e camponeses, simples e bons, juraram ter visto sobre a casa de Sara, onde Jesus nascera, súbitas refulgências que pareciam cintilações à luz do Sol surgindo detrás das nuvens. Em verdade, as hostes angélicas projetavam suas luzes profiláticas e desintegradoras no ambiente onde Jesus deveria nascer, a fim de eliminarem as substâncias pestilentas, os detritos e petardos magnéticos, que eram projetados pelos espíritos das Trevas desejosos de impedirem o sucesso do advento do Messias.

PERGUNTA: — As pessoas que visitavam o menino Jesus chegaram a notar-lhe alguma coisa de extraordinário, além de sua beleza propriamente humana?

RAMATÍS: — Além da excelsa beleza e do encanto do menino Jesus, os que o visitavam também sentiam uma doce sensação de paz e de júbilo irradiada daquele berço pobre, comovendo-os até às lágrimas. Sem dúvida, não eram emoções facilmente identificadas pelos sentidos físicos, mas percepções que tocavam a alma e ali deixavam sua marca espiritual. As criaturas simples, ingênuas e bondosas, corações famintos de amor e repletos de fé, sentiram mais nitidamente a presença real do Messias. No entanto, como o cérebro físico não possui capacidade para atender duas vidas simultâneas, a física e a espiritual, o certo é que mais tarde os participantes de tais fenômenos insólitos terminaram por esquecê-los no prosaísmo da vida humana.

Algumas mulheres muito sensíveis e com faculdade de vidência, descreviam a aura fulgente que se irradiava do berço do menino Jesus e iluminava os aposentos, móveis, objetos, aves e pessoas, tingindo-os de um rosa formoso e com reflexos dourados cintilando sobre um fundo de lilás claríssimo. Elas, então se ajoelhavam enternecidas, beijando as mãos do excelso querubim e o olhavam encantadas, como se ele fosse um príncipe recém-chegado de um país de sonhos. Algumas pessoas asseguravam sentir perfumes sutilíssimos, de terna suavidade; outras auscultavam o ar à procura de melodias, cânticos e preces comoventes, que as emocionavam até às lágrimas e não sabiam explicar. Sob tais circunstâncias, não tardou a se divulgar na cidade a notícia de que Maria, esposa de José, o carpinteiro, tinha sido visitada pelos deuses e dado à luz um filho formoso, tudo indicando tratar-se de um enviado de Israel.

Mas, com o decorrer do tempo, a própria Maria esqueceu as suas divinas emoções vividas durante o nascimento de Jesus, ante as responsabilidades de uma vida ativa e onerada junto à família, cuja descendência numerosa provinha de dois casamentos. Assim, enquanto tudo voltou ao normal, na Terra, foram sendo esquecidas as lembranças daqueles dias, encaixando-se a sua existência na moldura dos acontecimentos comuns da vida humana. No entanto, as entidades que protegiam Jesus jamais se descuraram em torno dele, mantendo-se atentas e neutralizando todas as investidas e tramas que eram mobilizadas pelos espíritos diabólicos.

A família se mostrava feliz e tranquila e José se envaidecia ante a figura tão encantadora de Jesus, seu primeiro filho com Maria. O menino se acomodava num humilde berço de palha e algodão, mas parecia surpreender até os animais que o espiavam pelos recortes e buracos da parede divisória do aposento. Ante a notícia de que o filho de Maria e José era de uma beleza incomum, sem os traços comuns nos recém-nascidos, fez-se grande romaria ao lar de Sara. Aliás, seguindo a tradição vigente entre os hebreus, tanto a vizinhança de Belém, a parentela de Nazaré, como as amigas de Maria, em Jerusalém, enviavam presentes ao menino Jesus e felicitavam a mãe venturosa. Algumas criaturas apenas desejavam conhecer o menino angélico, outras traziam seus préstimos e solidariedade ao feliz casal agraciado com o advento de um novo ser em seu lar. Eram pastores, camponeses, rabis, vendeiros, escribas, amigos de José e as jovens do templo de Jerusalém, enternecendo-se diante do menino-luz, que lhes atraía as emoções mais ternas numa convergência adorativa. Alguns o presenteavam com cordeirinhos, cabras, aves; outros traziam sacos de trigo e cereais, bilhas com xaropes de frutas, pães de centeio ou bolos de aveia, mel de figo ou de abelha, para os pais. Os vendedores ambulantes, velhos fornecedores da casa e da carpintaria de José, deixavam fraldas, lençóis, cobertores e diminutas sandálias para o formoso menino.

Malgrado a tradição bíblica fantasiosa, não se registraram junto ao berço de Jesus quaisquer fenômenos insólitos que pudessem derrogar as leis da física humana, pois o seu nascimento processou-se conforme o de outros meninos israelitas ou árabes, de sua época. Na hora delicada do nascimento, Maria também ficou a cargo da "mulher competente", ou da parteira tradicional entre os hebreus, momento em que as apreensões dos familiares foram amenizadas por meio de preces e rogativas ao Senhor. Embora em humilde berço de palha estivesse repousando o corpo tenro do glorioso Messias, Salvador dos homens, a família já se mostrava felicíssima só pelo êxito tão comum de nascer um filho em seu lar.

Mas era no Espaço que se manifestavam os júbilos venturosos e as emoções arrebatadoras, onde os mensageiros espirituais se sentiam aliviados do pesado encargo de amparar o Espírito de Jesus até a carne e ajudá-lo a nascer na face do planeta sombrio da Terra. O certo é que o coração de Maria transbordava de um intenso amor por tudo que a cercava, pois o seu carinho se estendia incondicionalmente a todos os seres, e aos próprios insetos venenosos, batráquios repulsivos ou víboras perigosas. Às vezes, ela se quedava, comovida, diante das flores que pendiam das hastes e formavam verdadeiros bordados coloridos; doutra feita, umedeciam-lhe as faces pelas lágrimas saudosas que derramava ante a figura da ave que sulcava o céu azul e límpido, e que lhe parecia um voo feliz, em busca de um mundo feliz. Em certos momentos ela se erguia, embaraçada e surpresa, convicta de ouvir vozes angélicas, melodias estranhas e cânticos festivos parecidos com os salmos de Davi.

Maria e os aspectos do seu lar

PERGUNTA: — Ser-vos-ia possível dar-nos alguns relatos da vida cotidiana de Maria, no seu lar, na época da meninice de Jesus?

RAMATÍS: — Quando o menino Jesus atingiu os dez anos, Maria já era responsável por uma prole numerosa, pois, além dos filhos sobreviventes do primeiro casamento de José com Débora, já haviam nascido Efraim, José, Elisabete e Andréia, enquanto Ana e Tiago são posteriores. A sua vida doméstica entre os filhos assemelhava-se à existência das demais mulheres hebreias da época, pertencentes a família de parcos recursos. Era costume as mulheres secarem o trigo e o centeio em esteiras expostas ao sol e depois os levarem aos moinhos da redondeza, onde os vendiam em quartas e assim aumentavam a receita do lar. Algumas famílias pobres dos subúrbios de Nazaré plantavam legumes e hortaliças, ou destilavam sucos de frutas em pequenos alambiques; outras conseguiam mesmo extrair o azeite das oliveiras e com isso obtinham um pecúlio mais sólido para os gastos habituais. Eram mobilizados todos os recursos possíveis para a sobrevivência, porquanto além da pesca, dos serviços modestos da carpintaria, do ofício de tecelão, oleiro, ferraria e seleiro, não existia em Nazaré qualquer indústria de alto calado, capaz de desafogar a despesa dos seus moradores. As mulheres hebreias, laboriosas, decididas e engenhosas, faziam pães de trigo e de centeio misturados ao mel, farinha cheirosa de tubérculos da terra e depois torrada, ou de peixe; preparavam deliciosos frutos em calda e os vendiam em potes de barro vitrificado; coziam frutos como o pêssego, a pera e o damasco em açúcar cristalizado, que acomodavam em caixas de madeira de cedro fino e forradas com folhas de parreira. Algumas casas eram tradicionalmente procuradas pelos interessados e compradores, a ponto de os seus moradores serem incapazes de atender aos pedidos de doces, farinhas de cereais e de peixes, frutos em calda, sucos, conservas de hortaliças e legumes em potinhos de barro, em que muitas mulheres eram exímias e experientes.

Assim era também a vida de Maria, mãe de Jesus, que se desdobrava com os filhos tanto quanto possível para a sustentação do lar, pois todos cooperavam na fabricação de doces, plantação modesta de legumes e hortaliças, na secagem de trigo, do centeio e do peixe, de modo a viverem existência modesta, porém razoável. Era uma vida árida e laboriosa, de poucas compensações divertidas ou de descanso. Quase que o maior entretenimento era cultivado num desafogo delicioso, junto ao poço comum, que abastecia o lugarejo de água necessária. Depois da tarefa exaustiva do lar, o intercâmbio jovial e ruidoso em torno da fonte de água de Nazaré significava um descanso para o espírito atribulado. A hora de buscar água constituía um encontro festivo entre o mulheril para a troca de notícias em comum, que iam desde as preocupações da criação da prole até aos percalços da vida alheia. Vizinhos, amigos, forasteiros, mercadores e rabis reuniam-se em torno do poço tradicional, o qual se tornava o denominador comum de todas as ansiedades e emoções dos nazarenos. As jovens, as anciãs e os meninos formavam filas compridas carregando bilhas, vasilhames de cobre, potes, jarras vidradas e moringas, que brilhavam ao sol, numa cena pitoresca e tentadora ao pincel do mais rude artista. Ao redor dessa fonte floresciam amizades e nasciam amores; acertava-se noivados e se pensava em casamento; mais de um gesto cortês do jovem ao carregar a bilha d'água da moça encabulada resultou, mais tarde, num esponsalício feliz.

E o menino Jesus, sempre serviçal e atencioso, principalmente com os velhos e doentes, prestava toda sorte de favorecimentos ali junto ao poço, movendo-se alegre e jubiloso entre bilhas, jarras e vasilhames de todos os tipos e moldes. Ele se regozijava de encher o cântaro dos mais velhos, lavava as jarras, ajudava os cães a mitigar a sede. Às vezes, tudo terminava em inesperados banhos de água, em consequência das travessuras de outros meninos seus conterrâneos. Retornava alegre e brincalhão depois de ajudar junto à fonte; e jamais desmentia o seu espírito de justiça e respeito ao próximo, pois jamais carregava a jarra de água da moça, antes de servir a mulher idosa.

Quando José faleceu, vítima de um insulto cardíaco, e Jesus alcançava os vinte e três anos, Maria assumiu definitivamente a direção do lar e manteve junto de si, como a ave ciosa da prole, os menores, enquanto José, que atingia vinte anos, ajudado por Tiago, com onze anos, se devotavam aos serviços da carpintaria herdada do pai. Efraim, com vinte e dois anos, demonstrando desde cedo um espírito especulador, pertinaz e ambicioso, já se fazia intermediário em alguns negócios de fornecimento de víveres e suprimentos para os grandes negociantes hebreus e fornecedores dos romanos. Alguns anos depois, a sua situação financeira era bastante desafogada e respeitada. Enquanto Andréia prestava alguns serviços aos vizinhos e caravaneiros nos entrepostos, Ana e Elisabete ajudavam nos bordados que Maria lhes ensinava como frutos de seu aprendizado entre as jovens de Sião, de Jerusalém. Os enteados, Eleazar, Matias e Cleofas, também conhecido por Simão, filho de José, jamais mostraram qualquer ressentimento ou queixas contra aquela mulher heroica, que os amparara desde a meninice sob o afeto puro de mãe adotiva.

Assim transcorreu-lhe a vida até que João, o Evangelista, levou-a para Éfeso, já bastante idosa, onde mais tarde desencarnou, depois de ter atendido a todas as criaturas, transmitindo-lhes os mais puros sentimentos de ternura e amor em homenagem ao filho querido sucumbido na cruz para redimir o homem. Em torno dela reuniram-se os tristes, os desamparados e doentes, ainda esperançosos da presença espiritual do Amado Mestre e da cura dos seus males. Maria, bonissima e leal no seu amor a Jesus, lamentava-se por vezes, pelo fato de não ter compreendido há mais tempo a sublime e heroica missão de seu filho. Entre os discípulos e seguidores do Cristo-Jesus, velhinha e exausta, certo dia descansou, libertando-se da matéria opressiva.

PERGUNTA: — Qual era o aspecto do lar de Jesus, durante a sua infância?

RAMATÍS: — Era uma casa simples num subúrbio de Nazaré, semelhante às residências árabes, construída de blocos encorpados de argamassa e liga de cal, parecida ao giz branco, com as suturas feitas de barro amassado. A porta de entrada era baixa e sem segurança, dando acesso a dois aposentos espaçosos, que não possuíam paredes divisórias, mas apenas duas cortinas feitas dos próprios cobertores presos por ganchos numa corda rústica. Ambos se comunicavam com a oficina de carpintaria de José, e esta, por sua vez, permitia ingresso no estábulo por uma portinhola de meia altura. Em lugar de janela, havia uma grande rótula no teto, por onde entrava bastante claridade sobre o chão de terra batida, semicoberto com peles de cabras, de camelos e de carneiros, além de cobertores leves e esteiras de palha trançada. Era uma casa térrea, cujo aposento central e espaçoso servia, ao mesmo tempo, de cozinha, de sala-de-estar e até de quarto de dormir para os hóspedes retardatários.

Embora pobre, era confortável para os costumes daquela gente tão protegida pelo clima saudável e a prodigalidade de peixes e de frutas para o sustento fácil. Eram reduzidos os problemas da manutenção da família no tocante ao alimento; e mesmo quanto às vestes, bastavam-lhes poucas roupas e agasalhos. A sua índole inata de hospedeiros fazia-os merecedores de presentes e auxílios dos forasteiros, que eram benquistos e preferiam o aconchego de uma família pobre, mas sadia e honrada, às hospedarias dos entrepostos de estradas, onde se fazia a mais censurável mistura de homens de todas as raças, condutas, enfermidades e todos os vícios.

Durante os dias secos e ensolarados, quando o céu era límpido, cozinhava-se fora, pois o combustível para o fogão consistia em galhos secos de ciprestes e cedros, cujo calor era habilmente conservado com estrume de camelo, ressequido e misturado com serragem produzida no serviço da carpintaria. O fogão, grande e bojudo, descansava num tripé de ferro, sendo recolhido, nos dias chuvosos, para dentro de casa, e sua fumaça enegrecia as paredes por falta de ventilação apropriada.

Em torno da casa havia uma cerca de tapumes feita de retalhos de tábuas e ripas, na qual se entrelaçavam cipós floriscidos com florinhas miúdas. Aqui e ali repontavam alguns tufos de margaridas transplantados das margens do Jordão e que exigiam muita umidade. Pequenos canteiros circundados de pedras, obra indefectível do menino Jesus, protegiam algumas roseiras que emergiam do punho vermelho vivo e afogueado das papoulas. José e Maria possuíam alguns cabritos, galinhas e marrecos, que lhes forneciam o leite e ovos, além do tradicional burrico dócil e pacífico, que servia para as andanças do ofício de carpinteiro e a entrega dos serviços de menor porte.

O observador arguto reconheceria naquele cenário pobre, simples mas emotivo, o toque mágico das mãos do menino Jesus; aqui, as pedras arrumadas com um agradável senso estético, delineavam os contornos do jardim modesto; ali, ripinhas de todos os tipos e tamanhos firmavam papoulas chamejantes, íris e narcisos, e tirinhas de couro guiavam os cipós floridos e as trepadeiras para o trânsito na ponta das cercas; acolá, a areia fina e dourada da beira das encostas das pedreiras, cobria os caminhos por onde Maria deveria estender as roupas ou atender as aves. E ali se via ainda o arremate do menino artista pelos pincéis e os vasilhames de cobre sujos de tinta, que haviam servido para a pintura nova dos alicerces da casa, das guarnições da porta, dos cochos de alimento dos animais e das aves. A sua iniciativa benfeitora tornara a casa de Maria e José a mais simpática e admirada do subúrbio pobre, pois se ele era incapaz de ficar agrilhoado ao horário draconiano de obrigações inadiáveis, jamais se cansava quando o seu espírito criador e construtivo se decidia a produzir algo de agradável aos outros. Rebelde à imposição alheia, era um escravo dócil e desinteressado sob a força do seu próprio impulso criador.

Jesus e sua infância

PERGUNTA: — Por que motivo as diversas obras sobre a vida de Jesus silenciam quanto à sua existência entre os doze e os trinta anos de idade?

RAMATÍS: — Realmente, os historiadores profanos, até os mais imaginativos, não puderam preencher essa lacuna na vida de Jesus; e também as próprias escolas ocultistas e principalmente a Rosacruz, por vezes, divergem até quanto à data da morte e à idade com que o Mestre desencarnou na cruz. Inúmeras conjeturas têm sido feitas para explicá-la, uma vez que os próprios discípulos, nos seus relatos evangélicos, também parecem ignorar o assunto. E assim, a pena dos escritores mais exaltados e místicos descreve Jesus como um ser mitológico, cuja vida fantasiosa discrepou completamente dos acontecimentos e das necessidades da vida humana. Noutro extremo, os inimigos figadais da fantasia e apegados fanaticamente aos postulados "positivos" da ciência terrena, biografaram Jesus à conta de um homem comum e sedicioso, espécie de líder de pescadores e campônios, que fracassou na sua tentativa de rebelião contra os poderes públicos da época. Os mais irreverentes chegam mesmo a considerar que na atualidade o caso de Jesus seria apenas um problema de ordem policial.

É muito difícil, para tais escritores extremistas, compreenderem a situação exata de um anjo descido das esferas paradisíacas até situar-se em missão redentora no vale de sombras terrenas. Jesus não foi o homem miraculoso ou santo imaterial, cujos gestos, palavras e atos só obedeciam ao figurino celestial decretado por Deus; mas, também, não era um homem vulgar tomado de ambições políticas e desejoso das falsas gloríolas do mundo material. Nem criatura diáfana acima das necessidades humanas, nem arruaceiro buscando o triunfo nos bens terrenos. Em verdade, onde terminava o anjo começava o homem, sem romper o equilíbrio psicológico ou discrepar dos seus contemporâneos.

PERGUNTA: — E que nos dizeis sobre a infância de Jesus?

RAMATÍS: — A infância do menino Jesus, aparentemente, transcorreu de modo tão comum quanto a dos demais meninos hebreus, seus conterrâneos. Conforme já dissemos, ele discrepava dos demais meninos devido à sinceridade e franqueza com que julgava as coisas do mundo, sem sofismas ou hipocrisia. Algumas vezes causava aflições aos próprios pais, provocando comentários contraditórios entre aquela gente conservadora, que jamais poderia compreender o temperamento de um anjo exilado na carne e incapaz de se acomodar aos interesses prosaicos do ambiente humano.

A vida de Jesus transcorreu adstrita aos costumes das famílias judaicas pobres e de descendência fértil, o que ainda é muito comum na Judéia atual. Os escritores que biografaram sua vida, quase sempre teceram comentários ao sabor de sua imaginação e absolutamente crentes de que ele foi uma criança submissa aos preconceitos e sofismas da época. Assim, a lenda e o absurdo transformaram a vida do ser incomum que foi Jesus, num Deus vivo imolado na cruz de redenção, depois de ter vivido existência incompatível com a realidade humana.

PERGUNTA: — Qual era o aspecto físico do menino Jesus?

RAMATÍS: — Era um menino encantador, de olhos claros, doces e aveludados, como duas joias preciosas e de um azul-esverdeado encastoadas na fisionomia adornada pela beleza de Maria e cunhada pela energia de José. Vestia-se pobremente, como os demais meninos dos subúrbios de Nazaré, onde proliferavam as tendas de trabalho dos homens de ofício e as lavanderias do mulheril assalariado.

O menino Jesus tinha os cabelos de um louro-ruivo, quase fogo, que emitiam fulgores e chispas à luz do Sol; eram soltos, com leves cachos nas pontas e flutuavam ao vento. Quando ele corria ladeira abaixo perseguido pelos cabritos, cães e aves, seus cabelos então pareciam chamas vivas esvoaçando em torno de sua cabeça angélica. A roupa íntima era de pano inferior, que depois ele cobria com uma camisola de algodão, de cor sépia ou salmão. Só nos dias festivos ou de culto religioso ele envergava a veste domingueira de um branco imaculado, sendo-lhe permitido usar o cordão de neófito da Sinagoga.

Sobre os ombros, nas manhãs mais frias, Maria punha-lhe o manto azul-marinho, de lã pura, tecida em Jerusalém, que fora delicado presente de Lia, uma de suas mais queridas amigas de infância.

Aos doze anos de idade o porte do menino era ereto e altaneiro, pois as roupas caíam-lhe majestosas sobre o corpo impecável, de anatomia tão admirável que causava inveja às mães dos meninos trôpegos ou defeituosos. Nele se justificava o provérbio de que o "belo e o bom não são imitados, mas apenas invejados", pois tanto o invejaram pela fartura do seu encanto, pela prodigalidade de sua doçura e cortesia, como devido à sua dignidade e conduta moral mais própria de um sábio e de um santo. Embora fosse criatura merecedora de todos os mimos do mundo, nem por isso a maldade humana deixava de atingir o menino Jesus, em cuja fisionomia, esplêndida e leal, às vezes pairavam algumas sombras provocadas pela maledicência, injustiça e despeito. Aliás, o que é delicado é mais fácil de ser maltratado, pois enquanto o condor esfacela um novilho, o beija-flor sucumbe sob o afago do menino bruto. Assim também acontecia com Jesus. Seu porte atraente, a sua beleza angélica, a sabedoria prematura e a meiguice invulgar, tornavam-no um alvo para a concentração de fluidos de ciúme, de inveja e sarcasmo. Enfrentou, desde cedo, a maldade, a má-fé, a malícia e a hipocrisia humanas, o que é natural às almas sublimes exiladas no plano retemperador e educativo dos mundos materiais.

PERGUNTA: — Jesus permanecia entre os meninos nazarenos, participando dos seus brinquedos e divertimentos comuns?

RAMATÍS: — Nada ele tinha de vaidade ou orgulho que o distanciasse dos demais companheiros de infância, pois era cordial e afetuoso, amigo e leal. No entanto, inúmeras vezes, no auge do brinquedo divertido, o menino Jesus anuviava o seu semblante, pois seus sentidos espirituais aguçados pressentiam a efervescência das ciladas ou das cargas fluídicas agressivas que se moviam procurando atingi-lo em sua aura defensiva. Era o anjo ameaçado pelos seus adversários sombrios, que não podiam afetar-lhe a divina contextura espiritual, mas tentavam ferir-lhe o corpo transitório, precioso instrumento do seu trabalho messiânico na Terra. Esses espíritos diabólicos, que a própria Bíblia sintetizou tão bem na "tentação de Satanás", recorriam às próprias cargas de inveja e de ciúmes que se formavam em torno de Jesus, por força do despeito dos próprios conterrâneos. Assim, manipulavam o material hostil produzido pelas mentes insatisfeitas diante da gloriosa figura daquele ser, com a intenção de turbar-lhe os sentidos nervosos e o comando cerebral.

Então, a sua respiração tornava-se aflitiva e o seu coração se afogueava; o sistema hepatorrenal apressava-se a eliminar qualquer tóxico que se materializasse decorrente de condensação de fluidos ferinos. O menino Jesus, num impulso instintivo, corria, célere, para longe do bulício dos seus companheiros e se deitava, exausto, sobre a relva macia, ou à beira do regato, debaixo das figueiras, ou ainda entre os arbustos umedecidos, como se o orvalho e o perfume das florinhas silvestres pudessem lhe refrigerar a mente incandescida.

Mas em tais momentos ele era alvo dos cuidados e atenções do anjo Gabriel e de suas falanges, que então o aconselhavam a buscar o refúgio no seio da Natureza amiga durante suas crises emotivas ou opressões astralinas. Ali, esses sublimes amigos podiam manipular extratos vitalizantes e fluidos protetores apanhados dos duplos etéricos do regato, das flores e dos arvoredos benfeitores, que se transformavam em energias terapêuticas, imunizando-o contra os dardos ofensivos dos espíritos trevosos.[11] Em breve se fazia o desejado desafogo espiritual e o menino voltava tranquilo a retomar os brinquedos, sem poder explicar aos companheiros o motivo de suas fugas intempestivas.

PERGUNTA: — De acordo com as vossas próprias mensagens, em que o espírito sublime só atrai bons fluidos, como

[11] Vide cap. L, "Cidadão de Nosso Lar", da obra *Nosso Lar*, em que o espírito de Narcisa manipula extratos fluídicos do eucalipto e da mangueira em favor de um enfermo. Idem cap. XLI, "Entre as Árvores", *Os Mensageiros*, de André Luiz

se explica a necessidade de tantos cuidados e proteções ao menino Jesus, quando ele era um anjo exilado na Terra?

RAMATÍS: — Dissestes muito bem: "Jesus era um anjo exilado na Terra", isto é, um anjo fora dos seus domínios e submerso num escafandro de carne, que o reduzia em seu potencial angélico. Já citamos, alhures, o conceito popular de que "entre espinhos, o traje de seda do príncipe rasga-se mais facilmente do que a roupa de couro do aldeão". Isso implica considerarmos que tanto quanto mais delicado é o ser, mais ele também é afetado pelas hostilidades próprias do meio onde vive. O beija-flor sucumbe asfixiado quando é atirado no charco de lama, enquanto, a seu lado, o sapo canta de júbilo.

A criança lactente ainda nada pensa de mal, no entanto, é sensível aos maus fluidos da inveja ou do ciúme projetados sobre sua organização tenra, os quais mais tarde são eliminados graças ao socorro dos benzimentos da velhinha experimentada. Aliás, ninguém se basta por si mesmo, nem o próprio Jesus, pois se a vida é fruto da troca incessante do choque de energias criadoras atuando em seu plano correspondente, quando hostis, elas ferem a qualquer espírito mergulhado na carne. A si mesmo só se basta Deus, que é o Pai, o Senhor da Vida! As relações entre todas as criaturas e seres, sejam virtuosos ou pecadores, significam ensejos de experimentação da própria vida, que tanto educa os ignorantes como redime os pecadores.

Quando a Pedagogia Sideral adverte que o espírito sublime só atrai bons fluidos, e a alma delinquente é a culpada pela carga nefasta que recepcionar sobre si mesma, nem por isso os bons deixam de ser alvo dos malefícios da inveja, do ciúme ou da má-fé humana. Que é o anjo de guarda do hagiológico católico, senão o símbolo da proteção espiritual superior e necessária a todas as criaturas benfeitoras? O pseudo Diabo da Mitologia, que compreende simbolicamente as falanges dos espíritos malignos, não se contenta em arrebanhar para o seu reino trevoso somente as almas pecaminosas; porém, conforme assegura a própria Bíblia, ele tudo faz para poluir os bons e chegou mesmo a tentar o próprio Jesus.[12] O anjo, pois, é justamente o ser mais alvejado pela malícia, crueldade, inveja, ciúme e despeito daqueles que ainda são escravos da vida

[12] Mateus, 4:1-11.

animalizada do mundo profano.

O menino Jesus era um ser angélico, uma flor radiosa dos céus a vicejar na água poluída do mundo humano, sofrendo a opressão da carne que lhe servia de instrumento imprescindível para cumprir sua missão heroica, em favor do próprio homem que o hostilizava. As trevas vigiavam-no incessantemente para desfechar o ataque perigoso à sua delicadíssima rede neurocerebral, a fim de lesá-lo no contato sadio com a matéria, e isto só era impedido graças aos seus fiéis amigos desencarnados. Jamais alguém, no Espaço ou na Terra, poderia ofender ou lesar a contextura espiritual de Jesus, tal a sua integridade sideral, mas não seria impossível atingir o seu equipo carnal.

Não há dúvida de que os bons só atraem os bons fluidos e acima de tudo ainda merecem a companhia e a proteção dos bons espíritos, mas é conveniente meditarmos em que, nem por isso, estamos livres da agressividade dos espíritos maléficos, que não se conformam em sofrer qualquer derrota espiritual.

PERGUNTA: — Não se poderia deduzir que essa proteção extraordinária e poderosa sobre Jesus também deveria estender-se a todas as criaturas benfeitoras e assim livrá-las definitivamente das investidas maléficas do mundo oculto?

RAMATÍS: — Sem dúvida; isso é racional e justo; porém, é essencial que tais criaturas façam por merecer essa proteção superior, assim como a merecia Jesus.

PERGUNTA: — Quais foram as emoções ou as reações mais comuns de Jesus, na sua meninice?

RAMATÍS: — Até os sete anos, como acontece a quase todos os meninos na vida material, predominavam em Jesus os ascendentes biológicos herdados dos seus genitores. Em tal época, ele ainda agia impelido pelo instinto hereditário de ancestralidade carnal, enquanto o seu espírito despertava, pouco a pouco, na carne, para então comandar o corpo emocional ou astralino, revelador oculto das emoções humanas. Fisicamente, Jesus era um menino corado, ágil e flexível, tal qual o junco verde que se agita sob a mais terna brisa; ele corria pelos campos, rolava pelas colinas misturando-se às cabriolas dos cordeiros e dos cabritos, que pareciam entendê-lo e gostar do seu riso farto e da sua índole meiga. Havia um halo de pureza e lealdade em tudo o que ele fazia; e muitas vezes, as criaturas envelhecidas no mundo, observando-lhe a agudeza mental, o sentimento superior e a simplicidade fraterna no brincar e viver, meneavam a cabeça agourando a má sorte para sua mãe apreensiva, quando diziam: "Menino assim não se cria; este nasceu antes da época!"

Jesus era divertido e espontâneo em suas travessuras; porém, sem humilhar nem maltratar os companheiros ou animais. Jamais urdia qualquer brincadeira maliciosa que pusesse alguém em confusão ou prejudicasse outros meninos. Sincero, franco e justo, revelava-se inteiriço na sua estatura de alma benfeitora e amiga da humanidade. Educado com severidade por José, era tímido e temeroso diante dos pais, obediência que o tornava um bom menino. No entanto, desde muito cedo lavrava em sua alma a chama do mais puro amor e devoção ao Senhor. Inúmeras vezes era apanhado em atitudes extáticas, numa adoração invisível, que deixava seus íntimos algo surpresos e até preocupados, pois era muito cedo para haver tamanha demonstração de fé e ardor religioso por Jeová. Essas atitudes que seriam louváveis nos adultos, então se tornavam motivos de censuras e até de ironias por parte dos seus familiares e amigos.

Ao completar sete anos, os seus familiares ficaram apreensivos com ele, em face da estranha melancolia que o acometera, pois algo se revelara dentro dele e lhe roubava a plenitude comum de alegria. No entanto, era o período em que o corpo astralino se ajustava ao organismo físico e se consolidava junto do duplo etérico constituído pelo éter físico da Terra.

Dali por diante, como acontece com todas as crianças depois dos sete anos, Jesus passava a contar com o seu "veículo emocional", e que o faria vibrar com mais intensidade no cenário do mundo e na responsabilidade na carne. Aliás, é de senso comum que as crianças são "inocentes" até os sete anos, porque a voz popular pressente que o espírito encarnado ainda não conta com o veículo emocional para expressar suas emoções sob o controle espiritual. Até essa idade domina apenas o instinto puro e os ancestrais hereditários, sem obedecer ao comando do Espírito.

Assim, conforme a própria lei do cientificismo cósmico, daquela idade em diante Jesus começava a consolidar mais fortemente a sua consciência humana, enquanto o seu Ego Sideral se punha em maiores relações com os fenômenos da matéria. O seu raciocínio desenvolvia-se rápido, mas as preocupações prematuras substituíam-lhe, pouco a pouco, a alegria espontânea por um halo de melancolia e tristeza. Embora menino, já se achava imbuído das inquietações e dos problemas próprios dos adultos, algo preocupado em solucionar as vicissitudes da humanidade tão confusa. A ideia mais prosaica sofria dele vigorosa análise e lhe provocava reflexões sérias, se nisso estava envolvida a ventura alheia. E os velhos rabis da Sinagoga então se punham a dizer, meneando a cabeça com ar censurável: "São ideias impróprias para um menino de sua idade!"

PERGUNTA: — Jesus cursou alguma escola comum ou fez estudos particulares?

RAMATÍS: — As possibilidades da família só permitiram a Jesus fazer singelo curso de alfabetização para adquirir o conhecimento primário sobre as coisas elementares. Deixou de estudar assim que aprendeu a ler e a cantar os salmos e os longos recitativos no ambiente severo da Sinagoga de Nazaré, o que era mesmo comum aos meninos mais favorecidos pela oportunidade educativa.

Indubitavelmente, Jesus era uma criança de inteligência incomum para a época, pois os seus conceitos e aforismos de elevada ética espiritual, não só surpreendiam como até escandalizavam muitos adultos, que jamais podiam aquilatar a realidade do padrão de vida angélica aplicado entre os homens cobiçosos. O seu caráter impoluto fazia-o transbordar além dos limites traçados pelo senso dos judeus da época, quando defendia conceitos de justiça, de desprendimento e dignidade, que chegavam a torná-lo estranho e confuso entre o seio do seu próprio povo. Ele despertava censuras aos próprios familiares, ou então sofria severas advertências dos mais velhos ou conselhos temerosos dos mais pudicos.

A sua força de libertação era assombrosa, pois sua alma não resistia muito tempo no trato demorado com as coisas prosaicas do mundo, malgrado ele dar subido valor a tudo o que era manifestação de vida, gosto e interesse que lhe delinearam o roteiro futuro das maravilhosas parábolas hauridas na Natureza. Mas era incapaz de revelar a índole do relojoeiro, que pode operar horas e horas preso ao maquinismo de um relógio, ou então entregar-se à pertinácia do laboratorista, que extingue sua vida escravizado ao mundo invisível dos micróbios. Embora criança de 10 anos, Jesus visualizava todos os acontecimentos, as coisas e os ideais humanos de um modo panorâmico, pois o seu espírito recuava facilmente ao passado e projetava-se rapidamente no futuro. Surpreendia aquela gente pacata, simples e iletrada, que vivia presa num círculo de preconceitos escravizantes e fanatizados à religião tradicional.

O menino Jesus sentia dificuldades para estudar à maneira dos alunos comuns, que aceitam e decoram, sem protestos, tudo o que lhes diz o mestre-escola. Custava-lhe absorver-se na nomenclatura convencional do mundo, quanto ao sistema primitivo de memorização maquinal. Assim, ele mal tomava contato com as lições áridas da escola hebraica, quase desatento aos símbolos das ciências terrenas, nos quais seu espírito ilimitado sentia-se embaraçado, como pequeninas teias que lhe cerceavam o voo pelo Cosmo. No entanto, à simples observação de uma bolota, ele concebia o carvalho florescente e ante o fiapo de nuvem que passava célere pelo céu, não lhe era difícil antever o fragor da tempestade.

Com o tempo, o próprio mestre-escola habituou-se com as fugas mentais do filho de José e Maria, cujo temperamento meigo, por vezes inquieto, casava perfeitamente com o seu perfil angélico e prodigamente amoroso para com todos. Algumas vezes ele despertava, surpreso, como se fosse arrebatado das nuvens, sob a voz imperiosa do professor pedindo-lhe a lição do dia. No entanto, nenhum homem no mundo assimilou tão rapidamente tantos conceitos de filosofia, lendas, narrativas, parábolas e conhecimentos do mundo, através da escola viva das relações humanas como o fez Jesus. Sua alma, de transparente sensibilidade, era um cadinho efervescente, em que de um punhado de vocábulos, sob a "química" do seu espírito, formava a síntese de lições eternas.

PERGUNTA: — Mediante vossas considerações sobre a

infância de Jesus, pressupomos que em face do seu temperamento incomum aos demais meninos, ele significava um sério problema para José e Maria?

RAMATÍS: — Realmente, José e Maria eram paupérrimos e responsáveis por uma prole numerosa e estranhavam que Jeová, em vez de lhes enviar um filho de bom-senso, prático e semelhante aos demais meninos, onerara-os com um belo garoto, de um fascínio e encanto especial, de uma agudeza e sinceridade chocantes, mas impróprio para a época e vivendo na infância a responsabilidade e os pensamentos de um adulto. Malgrado sua doçura, sentimento amoroso, pensamentos limpos e certa timidez, Jesus era uma "criança-problema", quando incandescia na sua alma aquele estranho fulgor que o tornava severo, desembaraçado e irredutível no seu senso de justiça tão incomum.

Os seus arrebatamentos e entusiasmos, que o levavam a beneficiar os outros com sérios prejuízos para si mesmo, a sua falta de utilitarismo e a inesgotável capacidade de trabalhar gratuitamente para qualquer pessoa, deixavam José e Maria confusos, pois só eram habituados à vida rotineira e sem contrastes importantes. Afora isso, o menino Jesus era frugal, simples e sempre esquecido do seu próprio bem.

PERGUNTA: — Afirmam alguns escritores que Jesus era doentio desde a infância, e se fosse hoje examinado pela ciência médica seria considerado um neurótico ou esquizotímico.

RAMATÍS: — Convém saber, antes de tudo, qual é a natureza do padrão científico preferido pela ciência médica do mundo para aferir qualquer enfermidade atribuída ao menino Jesus. A verdade é que nas tabelas da patogenia sideral, as enfermidades mais graves são justamente a vaidade, avareza, ira, crueldade, luxúria, hipocrisia, o orgulho, ciúme e os vícios que aniquilam o corpo carnal como o fumo, o álcool, os entorpecentes ou a glutonice carnívora. Desde que os sábios terrenos passem a considerar a hipersensibilidade, o amor, a renúncia espiritual próprias do menino Jesus como incursos nas tabelas patológicas do mundo, é evidente que também terão de classificar o seu oposto, isto é, a "consciência satanizada" como um padrão da verdadeira saúde do homem. A melancolia, a tristeza, o desassossego e aparentes contradições do menino Jesus não eram efeitos próprios de um caráter mórbido ou censurável, mas uma consequência natural do desajuste do seu espírito angélico, cuja vida era profundamente mental e o fazia sentir-se exilado no ambiente rude da matéria. As suas esquisitices e excentricidades eram provenientes da sua impossibilidade de acomodar-se ao meio terráqueo, como o faziam os seus contemporâneos adstritos aos problemas simplíssimos de digerir, procriar e cumprir as exigências fisiológicas do organismo humano. Não é demonstração de enfermidade a aflição das pombas debatendo-se no pântano viscoso, só porque ali os crocodilos se mostram eufóricos e tranquilos.

Jesus não era enfermo psíquico, embora tivesse de refugiar-se amiúde no seio da mata ou das clareiras silenciosas, quando se sentia afogueado pela tensão do seu próprio espírito ou alvejado pelos fluidos perniciosos. Em verdade, havia profundo contraste entre o seu temperamento angélico de avançado entendimento moral, ao pôr-se em choque com os interesses mesquinhos, a vulgaridade, má-fé e ignorância dos homens que lhe cumpria esclarecer e salvar.

PERGUNTA: — Conforme vossos dizeres, o menino Jesus também exigia uma vigilância constante dos seus anjos tutelares, em face de sua despreocupação pela vida humana. Quer isso dizer que ele dava sério trabalho aos seus protetores?

RAMATÍS: — Sem dúvida, a preciosidade de sua vida endereçada à mais importante missão de um anjo sobre a Terra, abrindo clareiras de luz no seio das sombras terráqueas para a redenção do homem, movimentava todas as forças benfeitoras, a fim de livrá-lo de uma desencarnação prematura ou acidente lesivo. A índole excessivamente contemplativa de Jesus induzia-o a procurar empreendimentos e atividades insólitas, que pudessem ajudá-lo a compensar as angústias e as emoções de que sofria o seu espírito superativo, pois, de conformidade com o velho aforismo iniciático, "o anjo não dorme"! Nos seus impulsos de libertação, ele penetrava a fundo nos bosques e nas furnas, surpreendendo até as feras nômades que o fitavam inquietas e sem coragem de agredi-lo, ante a refulgência da luz sideral que os seus guias projetavam no sentido de protegê-lo. Malgrado a advertência prudente do

Alto, o menino Jesus expunha demasiadamente o seu corpo aos perigos do meio agressivo do mundo, enquanto se deixava ficar absorto, em sua meditação espiritual, horas dentro da noite.

Por diversas vezes, Maria o encontrou curvado sobre a serpente enrodilhada na moita de capim, ou então afagando o filhote da fera, a qual, em vez de ameaçadora, mostrava-se eufórica sob tal carinho. A serpente, que a crendice diz que não morde a mulher gestante nem agride a mãe de bons propósitos, ou mesmo a leoa ciumenta dos filhos, não se mostravam agressivas ante a presença daquele garoto transbordante de ternura por todos os seres. Assim como o lobo selvagem também se transforma em um cão dócil e inofensivo, quando o tratam com meiguice e desvelo, Jesus envolvia os animais ferozes e os répteis venenosos em sua aura de tanta meiguice e amor, que eles se quedavam tranquilos.

Evidentemente, isso exigia a atenção constante dos seus amigos siderais e não poucas vezes a "voz oculta" de Gabriel advertiu-o para que não se expusesse tanto no cenário perigoso do mundo físico. Mas, quem poderia modificar a índole de um anjo que jamais temia a morte?

PERGUNTA: — Quais outros detalhes que ainda nos podeis oferecer sobre a vida do menino Jesus, pois tem sido tão contraditória a narrativa de sua infância?

RAMATÍS: — A fim de poderdes avaliar o verdadeiro temperamento, as virtudes e os contrastes do menino Jesus com os demais garotos de sua época, dar-vos-emos um quadro de algumas minúcias de sua vida, e que servirá para o mais claro entendimento de vossa pergunta. Em resumo: era um menino que jamais guardava ressentimento de alguém, mostrando-se absolutamente imune às ofensas e aos insultos alheios. Imparcial e sincero em suas amizades, ele não diferenciava nenhum companheiro, por mais deserdado ou subversivo; não traía, não intrigava, não zombava nem humilhava. Ninguém o viu usar qualquer meio para ferir um pássaro, destruir um réptil, inseto ou batráquio. Curvava-se para o solo e colhia o verme repelente na folha do vegetal, pondo-o fora do alcance das pisaduras humanas. Sob o espanto dos próprios adultos, ele deliciava-se com as carreiras de formigas supercarregadas de partículas de alimentos ou folhas tenras; com os retalhos de madeira da carpintaria de José, construía túneis para livrá-las de serem esmagadas pelas criaturas que ali cruzassem os caminhos. Muitas vezes, perdia longo tempo tentando repor no lombo das formigas a carga que lhe fora desalojada ou lhes trazia restos de cereais só para vê-las carregarem. Os meninos da vizinhança, rudes e daninhos, então contavam a seus pais as esquisitices do filho de Maria, provocando deles o conceito de que "esse menino não é bem certo da cabeça".

Certas vezes, Maria e José mortificavam-se dolorosamente, ao encontrar Jesus conversando animadamente com as aves e os animais, que, em verdade, pareciam entendê-lo. Advertia, censurava e aconselhava patos, cães, marrecos, galinhas, cordeiros e cabritos, apontando-lhes as imprudências e os perigos do mundo. Enxotava-os para longe nos dias de matança, pois jamais alguém pôde matar qualquer ave ou animal na sua presença, espetáculo doloroso que o deixava febril e o fazia fugir do lugar. Qualquer ave ferida ou cão maltratado recebia dele o máximo carinho e tratamento; e um júbilo intenso, uma alegria sem limite tomava-lhe o rosto radioso, quando os seus "doentes" se punham a voar ou a caminhar. Batia palmas, satisfeito, de euforia espiritual, enquanto, às vezes, o sarcasmo dos perversos lhe feria os ouvidos desapiedadamente. Curtiu noites de insônia, depois que viu, estarrecido, os bois tombarem um atrás do outro com a goela vomitando sangue e feridos mortalmente pela lança dos magarefes. Mesmo depois de adulto, ele custava a se dominar diante dos quadros lúgubres do Templo de Jerusalém, onde os sacerdotes oficiavam a Jeová respingados pelo sangue dos animais e das aves inocentes.

Jamais podia compreender sua culpa, quando ouvia severas admoestações de José e os apelos insistentes de Maria, para que não arriscasse sua vida preciosa nos arvoredos envelhecidos, onde subia, afoito, para proteger os ninhos perigosamente pensos dos galhos rotos. Mas eram inúteis tais censuras ou conselhos; em breve, tornavam a encontrá-lo novamente trepado nos galhos das árvores e entre os pássaros, que em voos efusivos pareciam aliar-se ao seu riso cristalino, gratos pelo carinho dispensado aos filhotes implumes. Durante os brinquedos e folguedos cotidianos, qualquer perversidade cometida contra os seres inferiores deixava-o silencioso e severo. A censura no olhar era tão veemente que os meninos mais culpados se afastavam temerosos.

Em consequência, Jesus não era um menino mórbido, excêntrico ou propriamente rebelde; porém, manifestava uma linha de conduta angélica prematura entre os demais seres; e por isso semeava constrangimentos nos hipócritas, atemorizava os cruéis, que o censuravam, zombando da sua comiseração pelos insetos, vermes ou répteis.

PERGUNTA: — Em face dessa ternura e natureza superior, Maria e José não se sentiram felizes de possuir tal filho agraciado por Deus?

RAMATÍS: — Que poderíeis esperar do entendimento de um povo de pescadores e de campônios, cujo índice mais alto de cultura findava na obstinação, fanatismo e severidade dos rabis anacrônicos de Nazaré? Para José e sua família, o menino Jesus enchia-os de constantes preocupações.

PERGUNTA: — Porventura Maria não guardava no imo de sua alma as revelações de ter sido predestinada para dar à luz o Salvador dos homens? Ela não fora visitada algumas vezes por um Espírito radioso que lhe previu a sublime maternidade de seu filho Jesus?

RAMATÍS: — O Alto já havia suspendido a frequência das visões mediúnicas de Maria e dos seus familiares, a fim de evitar neles qualquer superexcitação transcendental e inoportuna, que os viesse perturbar em sua vida cotidiana e até dificultar a vida do próprio menino Jesus. Aliás, diz velho provérbio oriental, que "na casa onde nasce um santo, toda a família só vive do seu encanto!" Era conveniente, então, a parentela de Jesus não se convencer prematuramente de que ele era realmente o Messias tão esperado.

Aliás, a memória humana é fraca e esquece facilmente aquilo que o homem só percebe em profundidade no mundo espiritual. Maria, pouco a pouco, deixou-se convencer de que as revelações recebidas do seu anjo de guarda, em vésperas de esposar José e de nascer Jesus, talvez não passassem de visões próprias da sua imaginação exaltada da juventude.

Ademais, seu filho desabrochava no mundo sem provocar qualquer fenômeno mais insólito além do seu caráter, que trazia muita gente em "suspense". E também nada lhe fazia comprovar sua natureza altiva e própria de um profeta ou salvador de homens, um líder ou comandante capaz de derrotar os romanos e libertar o povo judeu. Embora severo contra a maldade, a tirania e o farisaísmo, noutro extremo era excessivamente místico, avesso à violência e fujão. E conforme a Lei Sideral, que disciplina o equilíbrio emotivo dos seres, justamente Maria, tão sensível e mística, privou-se de um contato transcendental para não exorbitar das obrigações fatigantes de seu lar, enquanto outras criaturas mais rudes do que ela se sentiam sacudidas pelo chamamento do mundo oculto.

Depois de cessadas as suas visões mediúnicas, a vida de Maria e José ingressou no ritmo da existência prosaica das demais famílias judaicas, nada transparecendo de que eram realmente responsáveis pelo sublime esponsalício de um anjo com a carne humana. De modo algum podiam suspeitar que o menino Jesus, tão difícil de enquadrar-se nos costumes da época e sem qualquer senso de propriedade pelos bens do mundo, poderia desempenhar missão tão elevada e difícil, como o Velho Testamento atribuía ao Messias, o Salvador dos homens.

PERGUNTA: — Que podeis dizer mais claramente sobre esse "senso de propriedade" que não era próprio de Jesus?

RAMATÍS: — Jesus aproximava-se da juventude com a mente experimentada de um adulto; e, o que era mais surpreendente: de um adulto sábio e santo. Em vez de criatura prática, metódica, formulando projetos para "vencer na vida", um provável servidor na Sinagoga local, negociante nos entrepostos da Judéia ou mesmo herdeiro do ofício de José, ele se obstinava, dia e noite, por um mundo fantasioso e consumia-se preocupado com a sorte alheia. Eram especulações transcendentais, sem sentido utilitarista. Sonhava com um reino utópico onde até as feras vivessem em paz com os homens. Muitas vezes, José e Maria confabulavam, já no leito de repouso, sobre aquele filho que, altas horas da noite, se mexia, inquieto e suspiroso, no seu beliche de palha trançada. E quando assim não acontecia, ei-lo, de olhos abertos, noite adentro, sentado na soleira da porta, fitando tristemente a lua farta de luz e elevando-se docemente atrás das nuvens. A brisa refrescante então bulia-lhe nos cabelos soltos e mexia-lhe, de leve, com a camisola de menino pobre.

Era um menino destituído de qualquer senso de propriedade dos bens do mundo; pois se verberava o companheiro que feria o pássaro com o bodoque de couro cru, ou se afligia seriamente diante do cordeiro pisoteado pelo moleque enraivecido, deixava seus brinquedos pelos caminhos, abandonava os apetrechos escolares aos demais meninos, e sem protesto ou desculpa doava suas sandálias e as porções de alimento a quem primeiro os solicitasse. Saltitava pelos campos, rolando encostas e, só mais tarde, quando chamado ao acerto de contas com Maria, surpreendia-se das moedas que havia lançado de bolsa ajustada à camisola.

Um velho mago da Fenícia e amigo de José, e que lhe devia relativo favor, mandara de presente ao menino Jesus valiosa ave-rei coroada de magnífico penacho cor de ouro e munificente plumagem purpurina, rendilhada de um azul sedoso e manchas opalinas, aprisionada em bela gaiola de grades banhadas a prata. José e Maria e os demais irmãos de Jesus deliciavam-se antecipadamente com a alegria e a surpresa que deveria dominá-lo ao retornar da escola e receber o régio presente. Porém, para surpresa dolorosa de todos e o confrangimento de verem a perda de coisa tão valiosa, eis que o menino Jesus, em sua falta de senso dos bens do mundo, soltou a ave num gesto feliz e exclamação jubilosa. E riu, tomado da mais ampla satisfação, ao vê-la mover-se entontecida e alçar um voo majestoso sob o fundo azulíneo do céu ensolarado.

Qual seria o futuro que a família de José poderia augurar para aquele menino tolo e desprendido, embora correto, bom e obediente, mas julgando a vida um espetáculo tão natural, como devem julgá-la os pássaros, os peixes e os animais? Evidentemente os seus contemporâneos também não podiam prever oculto ali naquele ser de maravilhosa espontaneidade e absoluta confiança na contextura da vida criada por Deus, o mestre que, mais tarde, assim recomendaria: "Olhai para as aves do céu, que não semeiam, nem segam, nem fazem provimentos dos celeiros; e contudo vosso Pai celestial as sustenta. Porventura não sois vós muito mais que elas?" (Mateus, 6:26-34).

PERGUNTA: — Em face da tradição religiosa ter-nos transmitido até nossos dias a imagem de Jesus como um menino diligente, irrepreensível e obediente, é-nos um pouco difícil concebermos suas atrapalhações e os constrangimentos semeados por ele no seio da família. Que dizeis?

RAMATÍS: — Os historiadores da vida do menino Jesus viram-se forçados a socorrerem-se da própria imaginação, a fim de suprirem as lacunas encontradas na sua existência em época tão recuada. A prova disso é que se consultardes as obras biográficas de homens de vulto, desaparecidos há apenas um ou dois séculos, encontrareis tantas dessemelhanças no relato de suas vidas, a ponto de deixar-vos em dúvida quanto à sua verdadeira realidade. Imaginai, portanto, a dificuldade de serem ajustados todos os pormenores e as minúcias da vida do Amado Mestre Jesus, que além de ter vivido há dois mil anos, em época de poucos registros biográficos, os arquivos que poderiam conter algo a seu respeito ainda foram destruídos e incendiados, quando da invasão de Tito em Jerusalém.

Tratando-se de uma entidade que depois se glorificou pela sua própria morte sacrificial na cruz, cuja vida foi um hino de beleza e ternura em favor do gênero humano, é óbvio que os seus biógrafos também pressuponham uma infância cordata, uma doçura e obediência perenes, em perfeita concordância com a fase adulta irrepreensível. Naturalmente esqueceram a sua luta interior entre o espírito avesso às convenções e aos preconceitos tolos do mundo, e a sua indiferença à própria vida carnal, por se tratar de um anjo acima do temor da morte.

Nazaré, como a miniatura da própria humanidade, era uma fonte de preconceitos próprios de seus camponeses e pescadores incultos, que viviam entre sofismas, intrigas e mistificações decorrentes de sua graduação espiritual rudimentar. Por isso, o menino Jesus, espírito completamente liberto do farisaísmo da época, incapaz de pactuar com a malícia, capciosidade ou mentira, revelava um padrão de vida que fatalmente punha em choque até os seus familiares, vizinhos e amigos. As suas perguntas e respostas, inspiradas pela luz cristalina de sua alma angélica pairando acima das hipocrisias e convenções do mundo, rompiam as convenções tradicionais do homem comum. Qualquer artificialismo ou burla de última hora fazia-o desatar um rosário de indagações nevrálgicas que, às vezes, punham em pânico os adultos.

Quando atingiu os doze anos tornou-se incômodo entre os rabis conservadores e apoucados da Sinagoga, pois insistia nas premissas inoportunas, que descobriam à luz do mundo a insânia e o absurdo dos dogmas religiosos da Lei de Moisés e das práticas devocionais excêntricas. Seria mais fácil congelar a luz do Sol do que acomodar o menino Jesus às iniquidades do mundo, pois a sua natureza superior espiritual e intuição incomum opunham-se veementemente a qualquer contrafação da Verdade. À noite, junto da família, choviam-lhe conselhos incessantes, de seus pais e irmãos, que procuravam ensiná-lo a viver de modo a não turbar as relações humanas. Advertiam-no da imprudência de sua indagação, muito antecipada, sobre coisas que não eram práticas e só causavam confusão ou diminuíam os outros pela impossibilidade de uma solução satisfatória. Que precisava adaptar-se às circunstâncias do meio, agir cautelosamente com habilidade e diplomacia entre os homens. Então o menino Jesus arregalava os olhos, surpreso, e na sua pureza cristalina indagava, altivo: "Por que devo agir assim? Por que devo esconder a minha sinceridade e alimentar a hipocrisia?"

José e Maria, espíritos benfeitores, mas emoldurados no cenário convencional de sua raça e seu povo, pressentindo, por vezes, a justeza do modo de agir de seu filho Jesus, que era certo no falar e digno no agir, mas impossibilitados de convencê-lo com os argumentos do próprio mundo onde viviam, então se contentavam em dizer-lhe, à guisa de solução: "Meu filho! Assim é o mundo, e nós não podemos reformá-lo!" E o menino Jesus, um palminho de gente, retirava-se para um canto silencioso e ali ficava a meditar nos seus equívocos cotidianos, confuso pelos motivos que lhe pareciam tão justos e nobres, mas lançavam a desconfiança no próximo.

Porém, vencida a etapa mais instintiva ou impulsiva da puberdade, ele mesmo reconheceu que eram prematuras as suas indagações ou soluções incomuns diante do seu povo. Recolheu-se mais fortemente ao âmago de sua própria alma e buscou ali os recursos de que precisava para reformar os homens, antes de verberar-lhes os pecados. No entanto, apesar de amainar a tempestade emotiva que o lançava corajosamente no oceano das indagações intermináveis; de guardar silêncio onde poderia agastar; de aceitar as imposições do meio onde nascera, como a cota de sacrifício para o êxito de sua obra messiânica, ele jamais pôde fundir-se descoloridamente no rebanho da humanidade cobiçosa e insaciável. E por isso o mataram na cruz.

PERGUNTA: — E que poderíamos saber do tipo de alimentação costumeira do menino Jesus e de sua família?

RAMATÍS: — Conforme já temos noticiado, Jesus desde pequenino revelou profunda repugnância pela carne, e nas vezes que o fizeram ingeri-la, ele sofreu violentos surtos de urticária e choques anafiláticos que produziram preocupações sérias. A família foi obrigada a evitar carne em sua alimentação, pois isso produzia impactos mórbidos na tessitura delicadíssima do seu perispírito e desarmonizava-lhe o sistema endócrino pela perturbação química inesperada, resultando febre e a fadiga hepática.[13] Felizmente, José e Maria seguiam os costumes dos terapeutas essênios, em cuja alimentação predominavam vegetais, frutas, cereais e o peixe, que era abundante. Só nas épocas de crises graves, na lavoura ou na pesca, é que eles então recorriam à carne, mas assim mesmo o faziam de modo parcimonioso.

Como bebida acessória os galileus usavam água pura; por vezes, leite de cabra, de camela, ou então o vinho campestre, porém muito ácido. Eram exímios na produção de mel de figo, xaropes, caldos e sucos de frutas e vegetais escolhidos, que depois costumavam guardar em vasos de barro vitrificado, no seio da terra, e revestidos de areia porosa, que sugava a umidade do subsolo e assim proporcionava uma refrigeração natural. Eram refrescos deliciosos, tradicionalmente servidos com pãezinhos de centeio, de trigo ou bolinhos de polvilho refinado e cozidos das sobras dos moinhos.

A agricultura ou a lavoura, apesar de fornecer o essencial

[13] Nota do médium: Aliás, temos um membro de nossa família, hoje moço e absolutamente vegetariano, cujos ataques circulatórios que se manifestavam nele, quando criança, desapareceram assim que seus pais eliminaram a carne de sua alimentação, conforme conselho recebido de espíritos desencarnados.

para o consumo das famílias, era precária, pois a abundância de peixes, que infestavam os lagos e os rios da Galileia, tornava desinteressante qualquer mobilização de outros recursos diferentes da alimentação pródiga das pescarias. Os pescadores só procuravam a caça nos bosques e nas montanhas, quando já se achavam fartos do mar e do peixe. Assim mesmo, não hesitavam em substituir o alimento predileto por frutas e vegetais, que sabiam preparar sem lhes destruir o sabor natural e as propriedades nutritivas peculiares. Mas o peixe era o alimento principal e o preparavam de mil modos; fritavam-no principalmente no óleo de oliva e depois juntavam-no à sopa de cereais; ou então serviam-no com pães frescos de trigo, ao natural ou cobertos com farinha dos moinhos depois de grelhados. Secavam-no sob o calor do fogo ou do sol e sabiam transformá-lo em farinha para a reserva prudente ou fabrico de deliciosos e odorantes bolinhos no azeite, que rescendiam a distância sob os temperos fortes da pimenta esmagada e algumas pitadas de ervas odorantes, como o louro cheiroso. A alimentação dos nazarenos se completava com figos cozidos ou crus, tâmaras do Líbano, uvas secas, azeitonas em azeite, pão de trigo ou preto com mel de figo ou de abelha. Em determinados dias da semana fazia-se uma espécie de manteiga com leite de cabra, que depois era servida com os tradicionais pães miúdos, mistos de polvilho e trigo.

O menino Jesus preferia os pãezinhos com mel de figo e de abelha, ou então os bolinhos de polvilho que ele gostava de misturar ao sumo da cereja, um refresco difícil e muito apreciado pelos hebreus, em que a fruta de polpa reduzida requeria a mistura do suco de frutas. Mas Jesus foi sempre frontalmente avesso aos alimentos carnívoros, embora recomendasse o uso do peixe; e mesmo na última ceia com os seus discípulos, ele expõe um dos mais significativos símbolos educativos da vida espiritual, quando, em vez de partir um naco de carne, apanha uma porção de pão e o vinho, e os oferece exclamando: "Eis a minha carne; eis o meu sangue!"

PERGUNTA: — Embora já tenhamos sido notificados de algumas distrações do menino Jesus, gostaríamos de saber quais foram os brinquedos e os folguedos que ele preferiu durante sua infância.

RAMATÍS: — O menino Jesus, como espírito de elevada estirpe sideral, aprendia com extrema facilidade qualquer iniciativa do seu povo, enquanto era o mais exímio oleiro da redondeza, conhecido entre as crianças do seu tempo. Destro no fabricar animais e aves de barro, às vezes devotava-se com tal ânimo e perícia criadora a essa arte infantil, que os produtos saídos de suas mãos arrancavam exclamações de espanto e admiração dos próprios adultos.

— Parecem vivos! — Diziam os mais entusiastas, tomados de profundo assombro.

Sob seus dedos ágeis e delicados, o barro amorfo despertava como se lhe fora dado um sopro de vida. Jamais os seus contemporâneos percebiam que ali se achava o anjo exilado na carne sublimando as substâncias do mundo material em figuras de contornos poéticos e atraentes. Os pequeninos comparsas rodeavam Jesus, atentos e espantadiços da rapidez com que ele transformava um punhado de barro argiloso na figura esbelta de uma ave ou animal, que só faltavam falar num movimento impulsivo de vida. Depois, eles corriam céleres para casa, agitando em suas mãos as figuras confeccionadas por Jesus, que então ria feliz, como um príncipe dadivoso.

Naquela época a escultura de barro era inferior, feita às pressas e de caráter exclusivamente comercial, somente de enfeite nos lares mais pobres, porquanto as obras de arte de natureza mais fina provinham do Egito, da Índia e de Tiro, a pedido de romanos e hebreus ricos. As mãos do menino Jesus davam um toque de tal beleza e meiguice nos seus produtos esculturais, o que era fruto de sua inspiração angélica ainda incompreensível, que os artesãos mais primorosos não temiam colocá-los a par das ourivesarias mais finas e de bom gosto. Durante o seu trabalho de arte na argila, Jesus mostrava-se sério e compenetrado, os lábios contraídos e um vinco de alta inspiração cruzava-lhe a fronte angélica até o término do seu trabalho. Quando se dava por satisfeito e finalizava sua obra, a sua fisionomia se desafogava e seu rosto abria-se numa expressão da mais infantil alegria.

No entanto, depois desse labor, jamais ele se ligava à sua obra, nem se preocupava com o seu valor ou posse. O que saía de suas mãos já não lhe pertencia e o dava facilmente ao primeiro que o pedisse. Menino ainda, já revelava a contextura do Mestre, que mais tarde recomendaria: "Não queirais ajuntar para vós tesouros na terra, onde a ferrugem e a traça os consomem e onde os ladrões os desenterram e roubam. Mas ajuntai para vós tesouros no céu, onde não os consome a ferrugem nem a traça e onde os ladrões não os desenterram nem roubam. Porque onde está o teu tesouro, aí está também o teu coração".[14]

Mas ele também se entregava às brincadeiras comuns da época, como o jogo de bolas de pano e de barro, que eram atiradas sobre obstáculos de madeira, derrubando-os; às travessuras com cães, cabritos e cordeiros ou à construção de diques e lagos artificiais, cujas barcas de pesca ele as construía de gravetos e restos de madeira sobejados da carpintaria de José e os guarnecia de remos feitos de palitos de cedro. As velas dos barquinhos, enfunadas, traíam a contribuição de Maria com retalhos de linho e algodão de suas costuras. As frotas de galeras romanas então navegavam nas enseadas de água suja para gáudio da gurizada sempre atenta às iniciativas e surpresas do menino Jesus, cujo espírito enciclopédico jamais encontrava dificuldades para sair-se bem de suas empreitadas infantis. Eram estradas, pontes, rios, lagos e cascatas ou portos de carga e descarga, barracas coloridas para caravaneiros, cujos camelos e elefantes de barro descansavam à sombra de palmeiras improvisadas e sob os bosques feitos de barbas de arvoredos. Ainda havia jardins suspensos como os da Babilônia, faróis queimando torcidos de cordas untadas de azeite, à noite, para guiar as galeras retardadas que eram puxadas a barbante pelos fiéis peritos sob as ordens de Jesus menino. Enfim, era um mundículo feérico, divertido e contagioso, que reunia a gurizada da redondeza. Os próprios adultos davam uma espiada à furtadela, quando precisavam arrastar os filhos para o repouso noturno. Muitas vezes, Maria sentia-se dominada por estranhas emoções e as lágrimas escorriam-lhe pelas faces, vendo aquele menino como um reizinho venturoso, um deusinho criador dirigindo o seu mundo rico de novidades e surpresas. Ele era o centro de atrações da criançada buliçosa, que entre gritos de alegria e de espanto movia-se obedien-

[14] Mateus, 6:19,20,21.

te às diretrizes por ele traçadas e no intuito de preservar os brinquedos até o término dos divertimentos. Eram pequenos vassalos, louros como a espiga do milho novo, ruivos e a cabeça metida num fogaréu ou escuros como ébano, filhos de etíopes emigrados, sardentos, pálidos e corados, sujos e limpos, confortavelmente vestidos ou esfarrapados, que ali se confundiam nos limites do mundo elaborado e movimentado pelo genial menino Jesus. Era um clã de meninos que, pouco a pouco, se integrava nas disposições temperamentais emotivas dele, pois exigia bom comportamento para o ingresso na sua "maçonaria" infantil. Então, reduzia-se a maldade para com os pássaros e os animais e diminuía-se também a traquinagem maliciosa e destruidora. Jesus inventava sempre coisas novas — do barro argiloso e da areia umedecida compunha castelos e reis, príncipes e fortalezas, que reproduziam as histórias ouvidas de Maria, à noite, do folclore hebraico. Por isso, os próprios meninos ressentidos retornavam breve e submetiam-se à férrea disciplina de dominar o instinto daninho e os impulsos cruéis para não perderem dádivas tão atraentes.

PERGUNTA: — Quais eram as disposições emotivas ou o entendimento religioso do menino Jesus para com a Divindade?

RAMATÍS: — Em geral, todas as crianças hebreias temiam Jeová e bem cedo aprendiam a respeitá-lo e à sua Lei, certos de que ele espiava-lhes as traquinagens, habilmente escondido atrás das nuvens. Nos dias tempestuosos, em que as torrentes de água se despejavam dos céus, as mães então predicavam aos filhos que Jeová estava zangado com os meninos desobedientes e, por isso, atirava setas de fogo e raios incandescentes, partindo árvores e abrasando a Terra. Mas o menino Jesus arregalava os olhos sem qualquer temor, pois não podia admitir qualquer noção de castigo ou de ira por parte do Pai que estava no céu. Desprovido de má intenção e íntegro espiritualmente, sem ter jamais movido uma funda para ferir um animal feroz ou inseto venenoso, no seu cérebro pequenino não havia guarida para a ideia severa que os rabis e profetas faziam de Jeová e seus anjos.

José e Maria então desanimavam ante a infinidade de indagações que surgiam da parte de Jesus, ao tentarem convencê-lo das disposições belicosas de Jeová. Ele não temia o fragor dos trovões nem se assustava com a queda próxima do raio, porque reconhecia em tudo a obra do Senhor, que amava os seus filhos e jamais criara coisas para o sofrimento dos homens. Não podia conceber quaisquer perigos no seio da vida, porque seu espírito sentia-se eterno e considerava a morte corporal um acontecimento de menor importância. Sob o espanto dos companheiros e dos próprios adultos, quando a natureza se movia inquieta, o céu se escurecia com as nuvens pesadas de água e eletricidade, Jesus se rejubilava e batia palmas de contente. Inquieto, porém satisfeito, esperava a tempestade arrasadora. Mas, quando os raios fulminavam arvoredos e desenhavam na tela do céu serpentes de luz ameaçadoras e a chuva caía forte, rompendo diques e inundando estradas, ninguém conseguia segurar o menino Jesus mais tempo sob o abrigo do lar. Rápido, ele escapulia e se punha longe, fora do alcance dos seus, a pular debaixo da chuva copiosa, cabelos escorridos e grudados nas faces, enquanto, como quem recebe um presente, aparava a linfa do céu na concha das mãos. Saltava dentro das poças de lama e chapinhava na água, conseguindo, por vezes, atrair algum companheiro mais corajoso, que o acompanhava na sua festa aquática. Outros meninos, detrás das janelas rústicas, olhavam-no rindo do imprevisto do brinquedo, até que os irmãos mais velhos vinham buscá-lo de qualquer modo, mas não resistindo ao contágio das suas risadas gostosas.

Às vezes, sua silhueta recortava-se nítida sob a luz incandescente dos relâmpagos. Então, erguia os braços e cantarolava alegre, como se quisesse abraçar os relâmpagos e trazê-los em feixe para casa. Os coriscos caíam sobre o topo das colinas e lascavam a copa dos arvoredos. Às vezes, desciam pela encosta empedrada e desapareciam perfurando o solo. Os gritos jubilosos de Jesus confundiam-se com os brados de Tiago e Eleazar, seu tio e irmão, que o chamavam desesperadamente. Embora fosse motivo de crítica por parte dos vizinhos despeitados, era impagável aquele aspecto inusitado do menino Jesus, tão eufórico debaixo da água torrencial, assim como a ave feliz entreabre suas asas gozando a linfa criadora descida dos céus.

Era um anjo destemeroso, certo de que a Natureza, mesmo enraivecida, não poderia fazer-lhe qualquer mal. Sabia que mediante aquela tempestade ruidosa de trovões e raios ameaçadores, o Espírito Arcangélico da vida processava a limpeza da atmosfera, recompunha o plasma criador, carbonizava detritos perigosos, sensibilizava o campo magnético do duplo etérico da própria Terra e procedia à higiene fluídica no perispírito dos homens.

Os seus contemporâneos não podiam compreender o desafogo espiritual do menino Jesus diante da violência da Natureza pejada de água, raios e trovões, que amainava o potencial sidéreo atuante no seu cérebro tão frágil. Eram reações emotivas brotadas de uma alegria sã e inofensiva; um estado de espírito de absoluta confiança nos fenômenos grandiosos da própria vida. Entregava-se à força desabrida da tormenta, buscando a compensação terapêutica psíquica, em que, sob a lei de que os "semelhantes curam os semelhantes", o magnetismo eletrificado da atmosfera ajustava-lhe a mente superexcitada. O seu riso explodia cristalino na atmosfera densa e lavada pela chuva. Até o coro dos batráquios e o pio triste das aves encharcadas pareciam participar do quadro surpreendente, em que ele era o tema fundamental. Indubitavelmente, todas as crianças sentem-se alegres e buscam a água como um imperativo gostoso à sua própria natureza humana. No entanto, o menino Jesus exorbitava de toda e qualquer contemporização no caso, pois se entregava incondicionalmente à hostilidade da natureza enfurecida, vendo nela uma vibrante manifestação da própria vida em sublime oferenda à Divindade.

No entanto, essa extroversão da infância de Jesus transformou-se, pouco a pouco, naquela silenciosa dor que o absorveu quando ele, na maturidade, se viu diante da maldade, da hipocrisia e do egoísmo humanos. Os pecados e os sofrimentos da humanidade pesavam-lhe no ombro e roubavam-lhe a alegria, porque sendo Jesus o mais sensível e amoroso dos homens, era quem mais sofria diante dos seus irmãos desgraçados e sem esperanças.

Considerações sobre Jesus e a família humana

PERGUNTA: — Alguns escritores afirmam que Jesus, embora fosse de admirável composição moral, também não conseguiu furtar-se ao amor do sexo no mundo onde viera habitar. Que dizeis?

RAMATÍS: — Se Jesus houvesse casado e constituído um lar, a humanidade só teria lucrado com isso, pois ele então deixaria mais uma lição imorredoura da verdadeira compostura de um chefe de família. E mesmo que também houvesse alimentado um amor menos platônico, nem por isso menosprezaria a sua vida devotada exclusivamente aos outros. Muitas criaturas solteiras e castas vivem tão repletas de inveja, egoísmo, ciúmes e concentradas exclusivamente em si mesmas, que se tornam inúteis e até indesejáveis ao próximo.

Que desdouro seria para Jesus, se ele se tivesse devotado ao amor que une o homem e a mulher, quando deu toda sua vida em holocausto à redenção espiritual da humanidade? Sem dúvida, a sua rara beleza acendeu violentas paixões nos corações de muitas jovens casadoiras ou mulheres à cata de sensações novas, o que exigiu dele enérgica autovigilância para não sucumbir às tentações da carne e nem constituir o lar terreno do homem comum.

Aliás, diversas vezes Jesus foi caluniado em suas abençoadas peregrinações, quando detratores o acusavam de fascinar as viúvas ricas para herdar-lhes os bens materiais e atrair as jovens incautas para fins inconfessáveis. Sob o domínio despótico de Roma, algumas hebreias falseavam os seus deveres conjugais, pois preferiam a fartura do conquistador à pobreza honesta de seus conterrâneos. E os espíritos das trevas, que vigiavam Jesus em todos os seus passos, armaram--lhe ciladas as mais sedutoras até entre as patrícias romanas. Mas embora ele tenha evitado formar um lar, jamais condenou ou menosprezou o agrupamento da família, porquanto sempre advertiu quanto à legalidade e ao fundamento da Lei do Senhor, que assim recomendava: "Crescei e multiplicai-vos!" O sangue humano como vínculo transitório da família terrena, tanto algema as almas que se odeiam, como une as que amam no processo cármico de redenção espiritual. Por isso, Jesus aconselhou o homem a libertar-se da escravidão da carne e estender o seu amor fraterno a todos os seres, além das obrigações inadiáveis no seio do lar. Tendo superado as seduções da vida material e sentindo-se um realizado no recesso da humanidade terrena, chegou a advertir o seguinte: "aqueles que quisessem segui-lo em busca do reino de Deus, teriam de renunciar aos desejos da vida humana e, se preciso fosse, até abandonar pai e mãe! "E por isso, acentuou textualmente: "Quem ama o pai e a mãe mais do que a mim, não é digno de mim!"

Jesus recomendava amor e espírito de justiça, induzindo à libertação da família no mundo material acima do egocentrismo de casta, em favor de toda a humanidade. Ele procurou demonstrar que, apesar do vínculo sanguíneo e egoísta da parentela humana, o homem não deve limitar o seu afeto somente às criaturas viventes no ambiente de sua família ou simpatia. Muitas vezes, detrás da figura antipática do vizinho ou de algum estranho desagradável, pode se encontrar justamente um espírito nosso amigo de vidas passadas. No entanto, entre os nossos mais íntimos familiares, às vezes, estão encarnados espíritos algozes, que nos torturaram outrora, e a Lei Cármica nos reuniu para a necessária liberação dos laços de culpa ou do perdão recíproco.[15]

[15] Nota do Médium: - Em nosso bairro da Água Verde, em Curitiba, conhecemos uma senhora que implicava odiosamente com um menino da vizinhança, e não lhe dava razão, mesmo quando seu filho agia com flagrante injustiça e desonestidade nas arruaças de infância. Já se previa uma tragédia entre os adultos quando, frequentando o nosso trabalho mediúnico, essa mesma senhora, após sentidos queixumes de verberações contra o referido menino detestado, ouviu do guia a severa advertência: "O seu amor materno egoísta está lhe fazendo praticar as maiores injustiças, pois na existência passada o seu atual filho foi um homem leviano, rico e despudorado, que levou a irmã ao prostíbulo e ao desespero. No entanto, surgiu outro homem digno, bom e piedoso, que não só a retirou do lodo como ainda lhe deu a segurança desejada do casamento e da paz de espírito. Esse

O imenso amor de Jesus pela humanidade é que o afastou do compromisso de constituir um lar. Não foi somente sua elevada qualidade espiritual, o motivo dele conservar-se ligado a todos os homens e desprendido de um afeto exclusivo à família humana; mas sim, a piedade, a ternura e a compreensão do sofrimento de todas as criaturas. Em verdade, ele não condenou os direitos da família consanguínea, mas apenas advertiu quanto aos perigos do afeto egocêntrico, que se gera no meio do lar, embotando o sentimento do amor às demais criaturas. Por isso, ao recomendar a terapêutica do "Amai-vos uns aos outros como eu vos amei", ele mesmo já havia demonstrado esse amor incondicional, que abrange a família-humanidade.

Isso era um cunho intrínseco de sua alma, pois aos doze anos de idade já respondia dentro do conceito da família universal. Interrompido no seio de uma reunião por alguém que lhe diz: "Eis que estão lá fora a tua mãe e teus irmãos que te querem falar", o menino Jesus surpreende a todos, quando assim responde: — "Quem é minha mãe? E quem são meus irmãos?" Em seguida, ergue-se e movendo a mão num gesto acariciante, que abrange amigos, estranhos, mulheres, velhos, crianças e jovens, concluiu a sua própria indagação: "Eis aqui minha mãe e meus irmãos. Porque qualquer que fizer a vontade de meu Pai que está nos céus, esse é meu irmão, minha irmã e minha mãe!"

PERGUNTA: — Mas, Jesus aconselhando o homem a abandonar a família e devotar-se a amar os outros, ou seja, a humanidade, essa atitude não será uma decorrência justamente do fato de ele não ter amado fisicamente e de não haver constituído um lar?

RAMATÍS: — Jesus não constituiu a clássica família humana nem amou fisicamente, porque já era um Espírito liberto dos recalques do sexo. Ele não abjurou nem repudiou a parentela humana, apenas evitou os laços de sangue capazes de lhe oprimirem ou limitarem as expansões do seu amor tributado à humanidade inteira.

Assim, as criaturas que o seguissem sob o impulso ge-

---

outro homem, a quem minha irmã deve a sua salvação e redenção no passado, é justamente o atual filho do vizinho, tão odiado por você e ali situado por efeito da lei do carma".

neroso desse amor incondicional a todos os seres, evidentemente seriam hostilizadas pelos seus próprios familiares, incapacitados para compreenderem tal efusão despida de interesses egoístas. Ante o Mestre Jesus, o casamento não deveria impedir a floração dos sentimentos naturais de cada cônjuge, quanto ao seu proverbial espírito de justiça, tolerância, amor e devotamento ao próximo. O simples fato de duas criaturas unirem seus destinos na formação de um novo lar, não deve ser impedimento destinado a reduzir o amor espiritual ou substituí-lo pelo sentimentalismo egocêntrico do amor consanguíneo. Quando, no futuro, as virtudes superiores da alma dominarem os interesses e o egoísmo humanos, então existirá uma só família, a da humanidade terrena. Os homens terão abandonado o amor egoísta e consanguíneo, produto da família transitória, para se devotarem definitivamente ao amor de amplitude universal, que consiste em "amar a Deus sobre todas as coisas e ao próximo como a si mesmo".

Independente da recomendação de Jesus, quando aconselha o "abandono" de pai, mãe, irmão e irmã para o seguirem, a verdade é que os membros de cada família humana também não permanecem em definitivo no conjunto doméstico, pois à medida que se desfolha o calendário terrícola, processam-se as separações obrigatórias entre os componentes do mesmo lar.

As crianças já em tenra idade precisam ausentar-se para frequentar a escola e isso as separa da família durante muitas horas. Depois de jovens permanecem longo tempo fora de casa, a fim de obterem o sustento ou conseguirem o diploma acadêmico. Em breve, surge o namoro, o noivado e então ligam-se a outras criaturas estranhas ao conjunto da sua família para seguirem novos destinos e consequente "abandono" natural entre os dos mesmos laços consanguíneos. Doutra feita, a irascibilidade, avareza, hostilidade e ciúme, ódio ou egoísmo, chegaram a separar os membros da mesma família e a afastá-los em caminhos ou destinos opostos. Filhos, pais, sogros, genros, irmãos e demais parentes, por vezes, se incompatibilizam e cortam relações devido a interesses materiais adstritos a heranças, provando a fragilidade do amor de sangue. Paradoxalmente, a família mais unida é justamente aquela cujos membros são tolerantes e amorosos para com todos os seres, pois a bondade e a paciência constituem um traço de união e boa convivência em todos os ambientes. Por conseguinte, os parentes separados por discórdias domésticas mais se uniriam se atendessem ao apelo de Jesus, pois abandonando o amor exclusivamente ao sangue da família também desapareceria o amor-próprio na fusão de um sentimento universalista.

Jesus não recomendou ao homem o abandono impiedoso de seus familiares, fazendo-os sofrer dificuldades pela sobrevivência cotidiana. Porém, advertiu "que não seria digno dele quem amasse mais o pai, a mãe, o irmão e a irmã, do que ao próximo". Deste modo, o homem precisa renunciar à sua personalidade, ao sentimentalismo, ao amor-próprio, à opinião patética da família de sangue e mesmo opor-se a ela, quando os seus membros o repudiem por esposar ideias e sentimentos crísticos. Foi no campo das ideias e dos sentimentos universalistas que Jesus concentrou sua advertência, ao dizer que "quem amar a mim mais do que à família receberá o cêntuplo e possuirá a vida eterna", ou seja, amando toda a humanidade, a criatura livra-se das purgações próprias dos contínuos renascimentos das vidas físicas. Então passa a viver apenas nos mundos espirituais superiores, entre as almas afetivas e libertas do conjunto egoísta da família carnal, onde o verdadeiro amor estiola oprimido pelas afeições transitórias do mundo reduzido do lar. Quem ama o próximo como a si mesmo, ama o Cristo e assim desaparece o amor egoísta de casta, raça e de simpatia ancestral da matéria. Em troca surge o "amor espiritual", que beneficia todos os membros da mesma parentela e se exerce acima de quaisquer interesses da vida humana isolada, pois diz respeito à vida integral do Espírito Eterno.

Jesus e seus aspectos humanos

PERGUNTA: — Em vista de existirem tantas efígies de Jesus, em pinturas e esculturas, segundo a inspiração de cada artista, isto nos impede de conhecermos as características exatas ou a expressão da fisionomia do Mestre e do seu porte físico. E visto que o conhecestes pessoalmente, podeis informar-nos a tal respeito?

RAMATÍS: — Jesus era um homem de estatura alta, porte majestoso, de um perfil clássico, hebraico, mas singularmente também possuía alguns traços imponentes de um fidalgo romano. Delicado nas formas físicas, porém, exsudava extraordinária energia à flor da pele, pois naquele organismo vibrátil as forças vivas da Natureza, aliadas a um potencial energético incomum do mundo etéreo-astral, denunciavam profunda atividade mental. A testa era ampla, suavemente alongada e seu rosto triangular, mas cheio de carne, sem rugas ou manchas até os dias da crucificação. Os lábios, bem feitos, com suave predominância do inferior, nem eram excessivamente carnudos, próprios dos homens sensuais, nem finíssimos e laminados, que lembram a avareza e a dissimulação. O nariz era reto e delicado, sem qualquer curvatura inferior que trai o homem de mau instinto; a barba espessa, um pouco mais escura do que os cabelos, caprichosamente separada ao meio e curta, tornando Jesus o perfil de um dos mais belos homens do mundo.

O psicanalista moderno teria identificado em Jesus a figura do homem ideal, de fisionomia atraente e de uma expressão ao mesmo tempo meiga e enérgica, suave e séria, cujos lábios angélicos bem recortados, mal escondiam o potencial de um gênio. Seus olhos eram claros, afetuosos e sumamente ternos, mas sempre dominados por uma expressão grave e melancólica; emitiam fulgores, às vezes inesperados, quando Ele parecia ligar-se subitamente às potências superiores. Então tornavam-se quase febris, de um brilho estuante de energia moral. Sem dúvida, era o olhar do anjo verberando a maldade e o cinismo dos espíritos satânicos, que tentavam subverter a vida humana, atuando do mundo oculto. No entanto, malgrado esse tom energético de admoestação espiritual severa, jamais desaparecia do seu semblante a expressão de mansuetude e de imensa piedade pelos homens.

A sabedoria e o amor refletiam-se nele na mais pura harmonia. Diante do insulto, do sarcasmo ou da crueldade, seus olhos revelavam uma divina paciência e serenidade. O sábio cedia seu lugar ao anjo apiedado da ignorância humana. Quantas vezes o motejador, que ironizava a aparente ingenuidade da filosofia de Jesus, não conseguia suportar-lhe o olhar de compaixão, repleto de ternura e piedade para com aquele que não podia compreendê-lo. Era uma doçura queimante na consciência dos sarcásticos, pois sentiam a descoberto, no recôndito da sua alma, todos os seus pecados.

As criaturas curadas por Jesus diziam que o fulgor de seus olhos penetrava-lhes a medula, qual energia crepitante, transmitindo-lhes misterioso potencial de forças desconhecidas e fazendo eclodir em seus corpos a vitalidade adormecida. Os malfeitores e delinquentes não escondiam o seu terror diante desses mesmos fulgores veementes, que lhes punham a descoberto na alma o cortejo de vícios, pecados e hipocrisias. Raros homens não se prostravam de joelhos, diante de Jesus, clamando perdão para os seus erros, quando esmagados pelos pecados erguiam-se aterrorizados ante a voz imperiosa que lhes dizia: — "Vai e não peques mais."

No seio da massa heterogênea diante do Mestre, o curioso estava junto ao discípulo atento e o cínico ensaiava os seus motejos para perturbar-lhe o discurso.

Mas o olhar de Jesus, quanto aos que ali estavam com más intenções, penetrava-lhes a alma, devassando-lhes os turvos pensamentos à luz de sua divina compaixão. Então, os perturbadores assalariados pelo Sinédrio retiravam-se apreensivos ou mantinham-se em silêncio, baixando a cabeça ao defrontarem o fulgor daquele olhar tão sereno, mas severamente interrogativo e flamejante quando atingia uma consciência subvertida.

PERGUNTA: — Os nossos pintores geralmente apresentam Jesus com uma fisionomia essencialmente feminina, olhos grandes e rosto redondo, que nada se parece com o tipo semítico de que ele descendia. Porventura seria a predominância dos traços herdados de Maria, que a tradição diz ter sido uma mulher de rara formosura?

RAMATÍS: — Imaginai um edifício moderno, com o seu arcabouço esguio mas sólido, porque as suas veias são o aço não curvável, suas linhas são severas e nítidas, os contornos singelos, mas impressionantes. No entanto, nesse todo de simplicidade, a decoração e a iluminação revelam aspectos delicadíssimos, em que as cores translúcidas e os suaves matizes completam a beleza do conjunto. À noite, todo iluminado, a sua figura recortada no espaço faz realçar a sua beleza poética por entre as luzes refulgentes e policrômicas.

Jesus herdara do pai as linhas firmes e energéticas, que lhe davam o aspecto viril. No entanto, através daquela energia e masculinidade transparecia a beleza radiosa de Maria, cujas feições delicadas, semblante sereno e profundamente místico justificavam a fama de ser a mais linda esposa da Galileia. A sabedoria do Alto aliara a energia e a sensatez de José à bondade e à beleza de Maria, cujo fascínio radioso de encantadora boneca de porcelana viva, transparecia na figura atraente do Mestre, acendendo a chama do amor nos corações de muitas mulheres desavisadas da missão grandiosa do sublime nazareno.

O Mestre Jesus, portanto, além da simpatia que irradiava, era um moço extremamente belo, cujo andar denunciava a sua majestade angélica, pois havia em seu todo uma faceirice dos céus. Tudo nele enternecia. A sua palavra era uma esperança para quem o ouvia, pois a graça e a ternura feminina tinham-se conjugado à virilidade masculina. A beleza do anjo confundia-se com a grandeza do sábio.

PERGUNTA: — Os cabelos de Jesus eram louros ou escuros?

RAMATÍS: — Ele possuía cabelos de um louro amendoado, formando as tradicionais volutas ou cachos que lhe caíam pelos ombros à moda nazarena. Nas tardes de céu límpido, em que o vento deslizava suavemente encrespando o dorso dos lagos da Galileia, Jesus costumava sentar-se nos barcos ali ancorados, a fim de descansar. Quando o poente se tingia de púrpura e de lilás e os tons esmeraldinos se confundiam com os raios dourados do sol, então seus cabelos fulgiam nesse fundo paradisíaco, cuja cor de amêndoa parecia chamejante, emitindo reflexos fulvos e punha em destaque a beleza angélica de seus traços fisionômicos.

Após a exaustão da puxada das redes e da colheita do peixe, os rudes pescadores exultavam esperançosos de um mundo feliz e acercavam-se de Jesus para ouvirem-no em suas prédicas consoladoras. Quem era aquele homem tão formoso e de sabedoria tão incomum, cuja eloquência hipnotizava os seus ouvintes e os fazia sentirem-se num reino de bondade e de amor, onde os pobres e os sofredores viveriam eternamente felizes adorando o seu Criador?

PERGUNTA: — Em face da tradição religiosa, fica-se com a impressão de que o Mestre Jesus tinha uma vida excêntrica, absolutamente introspectiva, sendo avesso a qualquer emotividade do mundo. Estaremos equivocados a esse respeito?

RAMATÍS: — Jesus era dotado de um temperamento sereno e equilibrado no contato com as criaturas humanas, pois embora vivesse sob profunda tensão espiritual interior, em face do potencial angélico que lhe oprimia a carne, sabia contentar-se e ninguém pôde lhe apontar gestos e atitudes de cólera por sentir-se ofendido ou desatendido. Era um homem excepcional, porém sujeito a todas as necessidades fisiológicas do corpo físico, mas de uma vida regrada inconfundível.

Ele não se negava às relações sociais e comuns com o mundo exterior, nem verberava a alegria e o divertimento humanos. Participava gentilmente das festividades e tradições religiosas do seu povo, mas o fazia sem os exageros entusiásticos das almas infantis. Expressava o suave sorriso de Maria nos júbilos domésticos ou nos reencontros afetivos, mas jamais se excedia na gargalhada descontrolada ou no choro compungido do sentimentalismo humano. Ante as cenas humorísticas, mas cheias de simplicidade das festas regionais de sua terra natal, sua fisionomia era tomada de um sorriso tolerante e, por vezes, travesso. Mas diante das cenas cruéis, como as das crianças escravizadas, cegas e vítimas de queimaduras nos trabalhos escravos das fundições de Tiro, a piedade fazia-lhe estremecer o corpo delicado ou então se angustiava, batido pelo vendaval agressivo da maldade humana. O suor umedecia-lhe a fronte e a palidez tomava-lhe as faces ao contemplar o panorama aflitivo das misérias e das atrocidades do mundo.

PERGUNTA: — Alguns investigadores da vida de Jesus dizem que ele era algo enfermo, mesmo sujeito a alucinações. E que adotava rigorosa dieta alimentar. Há fundamento nessa afirmativa?

RAMATÍS: — Embora não tenham fundamento os exagerados jejuns de quarenta dias no deserto que também lhe foram atribuídos, ele realmente socorreu-se, algumas vezes, do jejum absoluto, como delicadíssima terapêutica para conservar seu espírito no comando da carne. Não se tratava de nenhuma prática iniciática ou obrigação religiosa, era apenas um recurso sublimado e admissível em entidade tão excelsa como Jesus, cuja consciência angélica ultrapassava os limites da suportação comum de um organismo humano. O jejum desafoga a circulação sanguínea dos tóxicos produzidos nas trocas químico-físicas da nutrição e assimilação, debilita as forças agressivas do instinto inferior, aquieta a natureza animal, clareia a mente e o sistema cérebro-espinhal passa a ser regado por um sangue mais límpido.

Durante o repouso digestivo, a natureza renova suas energias, restaura os órgãos enfraquecidos, ativa o processo drenativo das vias emunctórias, por onde se expulsam todos os tóxicos e substâncias prejudiciais ao organismo. É óbvio que o jejum enfraquece devido à desnutrição, mas compensa porque reduz o jugo da carne e desafoga o espírito, permitindo-lhe reflexões mais lúcidas e intuições mais certas.

Durante o enfraquecimento orgânico pelo sofrimento, ou jejum, as faculdades psíquicas se aceleram e a lucidez espiritual se torna mais nítida, conforme se verifica em muitas criaturas prestes a desencarnar, pois recuperam sua clareza mental e rememoram os mais longínquos fatos de sua existência humana, desde a infância. A queda das energias físicas costuma proporcionar maior liberdade à consciência do espírito. Há uma tendência inata de fuga da alma para fugir do seu corpo físico, assim que ele se enfraquece. Diz o vulgo que as criaturas, no auge da febre, costumam "variar", isto é, são tomadas de alucinações, chegando mesmo a identificar conhecidos que já desencarnaram, assim como veem figuras grotescas, insetos ou coisas estranhas, que não são do mundo material.

Assim, o jejum também era para Jesus o recurso benéfico com que contemporizava a excessiva tensão do seu próprio espírito na carne. Sua fabulosa atividade mental provocava excessivas saturações magnéticas na área cerebral. Seu corpo, embora sensibilíssimo e hígido em todo o seu sistema orgânico, era acanhadíssimo veículo para atender às exigências de sua extensa consciência sideral. Os neurônios e centros sensoriais permaneciam continuamente num estado de alta tensão, assim como a lâmpada modesta ameaça romper-se pela energia demasiadamente vigorosa que lhe vem da usina.

O Anjo é a entidade mais aproximada dos atributos de Deus, como sejam a Sabedoria, o Poder, a Vontade e o Amor. Em consequência, possui qualidades superiores às do tipo espiritual ainda reencarnável na Terra. O organismo físico não lhe oferecia os recursos necessários para permitir-lhe uma relação perfeita entre o mundo angélico e o material. Mesmo que ele não houvesse sido crucificado aos 33 anos, não teria sobrevivido por muito tempo, pois o seu corpo carnal já se mostrava exaurido e incapacitado para atender o alto grau de suas exigências mentais.

O Mestre Jesus foi, indiscutivelmente, a entidade de mais alta estirpe sideral que já desceu ao vosso orbe. A sua consciência ampla e poderosa lutava assombrosamente para firmar-se no comando de um cérebro humano. Era um divino balão cativo preso por delicadíssimos fios de seda. Seu Espírito, superativo e em permanente vigília, envidava heroicos esforços para abafar as energias estuantes de vida animal, que se multiplicam na esfera instintiva e tentavam dominá-lo tanto quanto ele as repelia. Inegavelmente, tratava-se de uma consciência angélica de sereno conteúdo espiritual, que deveria proporcionar euforia à carne, mas a sua força, sabedoria e poder extravasavam pelas fronteiras da consciência humana.

Aliás, a tradição religiosa terrena sempre pintou o anjo como a entidade resplandecente, de fulgores ofuscantes. Satanás, como símbolo do instinto animal, dobra os joelhos diante de Miguel Arcanjo, quando é chicoteado pelo excesso de luz que o enfrenta. Embora o Sol seja um potencial criador e benéfico, debaixo dos seus raios ardentes até o "iceberg" se aniquila. Muitos homens célebres do vosso mundo, como poetas, escritores, músicos, escultores e filósofos, têm apresentado fases anormais, mostrando-se perturbados ante a tensão muito acentuada do seu espírito sobre o sistema neurocerebral.[16] Aliás, tanto a notícia trágica, como a surpresa e o júbilo da fortuna inesperada podem afetar o cérebro humano ante a carga sem controle que o espírito lança sobre a massa cinzenta.

O dinamismo espiritual fabuloso do Espírito de Jesus, atuando incessantemente sobre a fragilidade do seu cérebro físico, quase o levava à clássica "surmenage", além de exigir-lhe os mais dificultosos e vigilantes esforços para manter-se no mecanismo vivo da carne. O homem moderno hoje reconquista ou compensa as suas funções mentais e o gasto excessivo de energias no processo fatigante das elucubrações cerebrais, socorrendo-se das medicações energéticas e vitaminadas, principalmente à base de fósforo ou ácido glutâmico. Porém Jesus, após a exaustão cerebral, sob a tensão mental incomum do seu Espírito só obtinha equilíbrio e socorro orgânico através da prece e dos fluidos energéticos, que lhe eram ministrados do mundo oculto pelos seus fiéis e devotados amigos espirituais.

A fadiga transparecia-lhe cada vez mais funda no semblante angélico, à medida que se sucediam os anos de sua vida física. Por vezes, descoloriam-se as faces e o suor aljofrava-lhe a fronte, enquanto sob intensa sensibilidade o corpo perdia temperatura e parecia açoitado por um vento gélido. Inúmeras vezes os seus discípulos temeram vê-lo cair sem vida, pois o seu generoso coração arfava perigosamente e o

[16] Vide a obra *Doentes Célebres*, de Gastão Pereira da Silva, da coleção do livro de bolso, etiqueta "Estrela de Ouro", em que o autor faz um estudo minucioso sobre diversos homens famosos, anotando-lhes os estados de espírito perturbadores, como no caso de Allan Poe, Hoffmann, Dostoievski, Nijinski, Paganini, Van Gogh, Tchaikovski, Nietzsche e outros.

corpo estremecia sob o alto potencial angélico.

No entanto, espírito corajoso e vivendo exclusivamente para o Ideal redentorista do terrícola, Jesus tudo fazia para suportar o fardo da carne e continuar em atividade no cenário da Terra, rogando ao Pai que o mantivesse em condições de ultimar sua obra abençoada. O seu espírito, preso por um fio de linha ao diminuto mundo da carne, parecia mil raios de sol convergindo sobre a lente do cérebro precário e atuando sob vigorosa voltagem. Que seria do frágil motor elétrico, construído para suportar a carga máxima de 120 volts, caso de súbito recebesse o potencial de 13.000 volts, diretamente da usina elétrica?

Anjo exilado na matéria, o Alto então lhe oferecera a encantadora moldura feita de luz, cor e poesia de Nazaré para amenizar-lhe um pouco a condição aflitiva de permanecer algum tempo segregado na carne, no desempenho generoso e sacrificial a serviço da criatura humana.

PERGUNTA: — Através da leitura de certa biografia de Jesus, tivemos conhecimento de que ele era realmente um enfermo, porque suava sangue pelos poros. Que dizeis?

RAMATÍS: — Não ignoramos os sentenciosos diagnósticos de alguns médicos terrenos, envaidecidos pela ciência acadêmica e que procuram situar Jesus na terminologia patogênica de "hematidrose", porque ele exsudava suores impregnados de sangue.[17]

Escritores e médicos presunçosos procuram explicar a hiperfunção das glândulas sudoríparas de Jesus num esquema patológico, porque ignoram, em absoluto, que o organismo carnal do Mestre é que lançava mão de recursos de emergência para subsistir ante a carga espiritual poderosa que lhe atuava além da resistência biológica humana. Ele vivia sob estados febris e excitações incomuns em dramática luta para manter-se sob o excesso do potencial que lhe descia do céu, procurando a matéria e fluindo pelo seu corpo, como se este fora realmente um poderoso fio-terra vivo.

A sua natureza carnal processava verdadeira descarga

[17] "E veio-lhe um suor, como de gotas de sangue, que corria sobre a terra" (Lucas, 22:44). Aliás, a própria medicina, até certo tempo, considerava a sangria excelente terapêutica para os casos de síncope e apoplexia.

fluido-magnética através do sistema glandular, cuja exsudação sanguínea jamais poderá ser considerada um ataque específico e mórbido de "hematidrose". Após esse fenômeno, tal qual aconteceu no Horto das Oliveiras, às vésperas do sacrifício no Calvário, o espírito do Mestre desafogava-se adquirindo certa liberdade sobre o corpo desfalecido, exausto e febril. O Divino Mestre era um cadinho de química transcendental fabulosa, no qual se processavam as mais avançadas reações dos problemas espirituais. O passado e o futuro não tinham limites de graduação na sua mente poderosa e genial. Os conceitos mais insignificantes poderiam se tornar sentenças milenárias sob o toque mágico de sua alma.

Desde moço ele misturava-se com os forasteiros e mercadores provindos do Egito, da Índia, Caldéia, Grécia, África e outros extremos do orbe. Fazia questão de prestar-lhes pequenos favores nos entrepostos das estradas só para ouvi-los falar de outros povos e outras terras. O jovem nazareno, admirado e querido por todos, graças ao seu aspecto atraente e sua fisionomia sempre serena, como pela sua atenção e cortesia, deliciava-se, fascinado, ouvindo as minúcias dos costumes, do folclore, dos sonhos, dos ideais e das realizações de outros povos que viviam além das fronteiras da Judéia. Ágil de memória, tenaz indagador e jamais satisfeito em sua curiosidade sadia e construtiva, Jesus hauria, emocionado, o conteúdo das histórias de outros homens e formava o amálgama do conhecimento psicológico e filosófico do mundo, que mais tarde tanto surpreendeu e ainda surpreende os seus biógrafos.

Quem poderia supor que Jesus, o jovem filho de José, o carpinteiro, um moço de olhos esplendorosos, insaciável nas suas indagações de "sabe tudo", carregava nos ombros frágeis a cruz das dores e do sofrimento de todos os homens? Quem poderia prever a sua renúncia, o seu sacrifício e heroísmo diante da morte carnal, para transfundir a luz do Cristo Planetário às sombras do orbe terráqueo? Entre todas as mensagens trazidas dos mais longínquos lugares da Terra, era ele o portador, o genial compilador do mais elevado Código Moral de ajuda à humanidade.

Essa assimilação rápida de verdadeira catadupa de conhecimentos os mais exóticos, difíceis e impossíveis ao homem comum, causava espanto aos próprios rabis e intelectuais da época. Em breve, Jesus era conhecido como "um homem de letras e de ciências, que tudo sabia, sem ter sido visto a estudar". A sua mente, como poderoso catalisador, num ápice de segundo solucionava as equações mais complexas e concluía sensatamente sobre as premissas mais difíceis da psicologia e filosofia humanas. De um punhado de ideias, era como um jardineiro genial, que de um buquê de flores conseguisse descrever o aspecto formoso e o perfume encantador de todo o jardim policrômico.

Jamais Jesus precisou seguir os mesmos métodos didáticos dos homens terrenos, pois sua alma, como divina esponja sidérea, abrangia a síntese da vida terrena em toda sua força e manifestação educativa. Sabendo e podendo acumular em si mesmo o "quantum" da vida "psicofísica" que o cercava nos dois planos, o oculto e o material, logo desenvolveu-se nele a força e a capacidade para ser o guia inconfundível dos homens ainda cegos pela sede de ouro, violência e ardor das paixões. Por isso, logo afirmou com segurança e o fez com êxito: "Eu sou o Caminho, a Verdade e a Vida" e "Quem não for por mim, não irá ao Pai que está nos céus".

Jesus, em verdade, anjo e sábio, formava o mais avançado binômio sidéreo no mundo material. Não existe, jamais existiu filósofo, líder religioso ou Instrutor Espiritual sobre a Terra, que tenha vivido em si mesmo uma realização tão integral como ele a viveu. Ninguém poderá igualá-lo em fé, coragem, renúncia e amor, pois além do seu desprendimento aos bens do mundo, dominou completamente as paixões humanas.

O Cristo-Jesus, portanto, ontem, hoje e amanhã, será sempre o Mestre insuperável, porém, o homem sadio e perfeito, não o enfermo classificado pela patologia médica ou o espírito sob o rigor da retificação cármica.

PERGUNTA: — Certos estudiosos da vida de Jesus chegam a afirmar que ele era analfabeto, motivo por que nada deixou escrito nem se sabe se ele escreveu algo. Há qualquer fundamento nessa afirmação?

RAMATÍS: — Se até Pedro, que era um rude pescador, sabia ler e escrever, como não o saberia Jesus? O Mestre era escorreito na linguagem e, quando escrevia, estereotipava na precisão dos caracteres gráficos a exatidão do seu pensamento e a poesia do seu sentimento. Exato, lógico e parcimonioso na sua grafia, não empregava uma vírgula além do necessário. Se um grafólogo moderno examinasse os seus escritos, teria descoberto o homem perfeito, em que a retidão, a sinceridade, o espírito de justiça e o amor absoluto se mostrariam harmonizados na tessitura das frases límpidas de atavismos ou artifícios supérfluos.

A grafia de Jesus era um tanto nervosa, mas revelando altíssima sensibilidade e sem perda do domínio mental os caracteres claríssimos, distintos e alinhavados em perfeito equilíbrio. Tanto no falar como no escrever, Jesus era avesso à verborragia, à logomaquia peculiar dos pseudosábios ou políticos terrícolas, que tecem exaustivos circunlóquios para expor, mas se perdem pela dramaticidade das ideias mais prosaicas. Jesus escrevia pouquíssimo, e por uma razão simples: sabia dizer em meia dúzia de vocábulos aquilo que a complicação do pensamento humano só pode fazer esgotando páginas extensas. Reto no pensar, no falar e no escrever, um ponto tirado à sua escrita lembrava uma parede afastada do seu prumo. Basta observarmos a precisão do Sermão da Montanha, a composição do "Ama o próximo como a ti mesmo" ou "Buscai e achareis", para se verificar que tais conceitos evangélicos dispensam qualquer novo acréscimo de adjetivos ou ornamento para sua maior valia, assim como jamais podem dispensar uma letra de sua estrutura vocabular.

PERGUNTA: — Há alguma prova de que Jesus soubesse escrever?

RAMATÍS: — É justamente num dos momentos mais importantes, lembrados em sua mensagem evangélica, que se observa Jesus a escrever. Diante da mulher adúltera, sua divina mão traçou na areia as palavras de censura, reveladora das mazelas daqueles escribas e fariseus que queriam apedrejá-la (João, 8:3-11): "O que de vós outros está sem pecado, seja o primeiro que a apedreje." Silenciosamente, enquanto alguns dos mais ousados perseguidores da adúltera fizeram menção de atirar-lhe pedras, o Mestre apanhou uma vara frágil e traçou no solo as palavras "trapaceiro", "hipócrita" e "perjuro", o que fez recuar a turba dos julgadores.

Jesus vivia o que pensava e pensava o que vivia, por isso não precisou deixar compêndios doutrinários. Antevendo o sofisma e a astúcia do homem — inescrupuloso quando procura garantir os seus exclusivos interesses — o Mestre preferiu deixar que outros escrevessem para a posteridade.

Antes a confusão sobre o que ele possivelmente teria dito, em vez da confusão sobre o que teria escrito. Qualquer testemunho escrito que tivesse deixado serviria de pretexto para justificar a paternidade de outras milhares de mistificações espalhadas sob o seu augusto nome.

PERGUNTA: — No encerramento deste capítulo sobre os aspectos humanos de Jesus, poderíeis dar-nos uma imagem mais nítida de sua juventude?

RAMATÍS: — Embora jovem, Jesus já tinha o aspecto grave e austero próprio do homem idoso. Mas era de porte imponente e seus olhos serenos, penetrantes e profundos, malgrado refletissem a melancolia que o dominava desde a infância, eram plenos de uma ternura quase feminina. Atingira os dezenove anos e já sofria imensamente ao verificar que entre os seus próprios familiares e conterrâneos, não era compreendido no seu Ideal messiânico, comprovando-se, mais uma vez, o velho ditado de que "ninguém é profeta nem faz milagres em sua terra." Tomado por incessante ebulição interior e devotado somente às coisas definitivas como os bens do espírito, era um moço indiferente aos anseios das hebreias formosas que desejavam desposá-lo.

Tentara diversos empregos, os mais variados, tanto em Nazaré como em Jerusalém, no intento de cooperar com o orçamento de sua modesta família. Porém, não conseguia ajustar o seu espírito cósmico nas tricas do trabalho humano, nem suportava a imobilidade de concentrar-se exclusivamente num objeto que, de início, já reconhecia fugaz e transitório. Não era defeito de um jovem ocioso e avesso ao labor comum e às obrigações de todo ser humano, mas a impossibilidade de controlar e enfeixar a força fabulosa que lhe descia sobre o cérebro, exigindo-lhe a expansividade das ideias e o desafogo da alma.

Embora não estivesse plenamente convicto de ser o "Salvador" apregoado pelos profetas e esperado pelo povo de Israel, nem se supondo o Messias esperado, estava certo de que sua vida seria consumida no fogo do sacrifício e acima das ilusões do mundo terreno. Não se considerava o missionário descido dos céus para redimir os homens, mas desde jovem vivia de tal modo que os homens poderiam supô-lo perfeitamente o tão desejado Messias em desenvolvimento na face da Terra, para glória e libertação do povo de Deus.

A família consanguínea era para Jesus apenas um ensejo disciplinar, pois o seu amor ultrapassava qualquer limite egocêntrico e afetivo da parentela humana para se derramar incondicionalmente por todas as demais criaturas. O lar fora-lhe dádiva generosa de Jeová, o repouso e o oásis benfeitor no deserto da vida física. Mas não poderia cingir-se a um amor exclusivo e aos interesses pessoais da família. Seu pai, seus irmãos eram um reduto simpático e afetivo; amava-os sinceramente, mas em sua lealdade espiritual e sem poder trair sua índole angélica, a humanidade era o seu único amor.

PERGUNTA: — Finalmente, qual era a disposição emotiva do jovem Jesus para com os demais moços de sua época?

RAMATÍS: — Jesus quedava-se, por vezes, recostado na coluna do pórtico da Sinagoga e punha-se a examinar as fisionomias, os gestos e as expansividades ou faceirices dos seus conterrâneos metidos nos trajes domingueiros, como um bando álacre de criaturas felizes. Mas, senhor de maravilhoso dom de empatia,[18] ele então avaliava os sonhos, as angústias, as esperanças e os ideais dos seus contemporâneos. Via nos jovens despreocupados a figura batida e cansada do futuro velho, cujas rugas, como linhas gráficas, marcariam a estatística do sofrimento da vida material. Era a tortura e o desengano dos sonhos desfeitos da mocidade; a exaustão da existência física, na qual o espírito abate-se do seu voo feliz, para situar-se nos grilhões superexcitantes da carne. A chama ardente que via nos olhos dos moços, mais tarde se apagaria, soprada pelos ventos das desilusões, infidelidade e dores, que formavam o cortejo e a cota de sacrifício onerosa para o espírito habitar o mundo carnal.

Quando os olhares cobiçosos femininos lhe caíam sobre

---

[18] Empatia, capacidade de o indivíduo colocar-se no lugar dos outros e sentir-lhes as emoções, os gostos e tendências.

o rosto sereno e de encanto ascético, ele os devassava a fundo, descobrindo-lhes as ansiedades, mas identificando-lhes também os desígnios e as desilusões no futuro, quando dos pesados encargos de família. Jesus, o "belo nazareno", como o conheciam, vivia cercado de jovens casadoiras, mas em face de sua impossibilidade de devotar-se efetivamente a um só ente e da lealdade fraterna para com todos os seres, não podia alimentar qualquer responsabilidade conjugal. Os desenganos sucediam-se amiúde nos corações femininos e as jovens hebreias não podiam compreender por que o jovem filho de José, o carpinteiro, não acendia no seu coração o desejo ou a paixão humana de escravizar-se a uma só criatura ou mesmo a uma só família.

A influência benéfica do povo galileu na obra de Jesus

PERGUNTA: — Gostaríamos de conhecer maiores particularidades quanto à contribuição do povo galileu na tarefa messiânica de Jesus. É possível?

RAMATÍS: — O povo galileu era habituado à simplicidade; não gozava da abastança que choca os necessitados, mas também não sofria a miséria que confrange os mais ricos. Era realmente um povo amável, respeitador e profundamente hospedeiro, facilmente compreensivo para com as necessidades do próximo e sentia-se mesmo eufórico em servir. Esse temperamento e modo peculiar do galileu, que o fazia feliz com o hóspede na cabeceira de sua mesa, certo de que isso era muitíssimo agradável a Jeová, deu margem para que Jesus firmasse inúmeras lições que louvavam a caridade e insistiam no espírito de hospedagem. Mas o seu temperamento era algo rixoso, pois discutiam facilmente por qualquer assunto religioso, embora sem as capciosidades dos fariseus ou a obstinação dos saduceus. Os homens eram bulhentos em suas pescas, negócios, festas e peregrinações; as mulheres, tímidas, serviçais, humildes e algo supersticiosas.

Desde a mais tenra infância, os galileus acostumavam-se à incondicional obediência aos preceitos religiosos e à vontade de Jeová. Eram essencialmente comunicativos com seu Deus e faziam pouca diferença entre a vida carnal e a vida espiritual, quase despercebidos da divisa que os separava do Além. Isso era uma peculiaridade comum de todo o povo judeu, que mal poderia apontar onde começava a vida objetiva e terminava a subjetiva, desde que se tratasse de assuntos religiosos. Jeová fazia parte tão integrante de suas vidas, de suas devoções, dos seus prazeres e negócios, que jamais eles poderiam manifestar qualquer dúvida na sua crença religiosa.

Antes de exigirem favores de Jeová, eles o adoravam através de oferendas diárias da obediência absoluta, dos louvores e hosanas que tributavam sob qualquer pretexto da sua vida em comum. Quando o Senhor não lhes correspondia nas lutas, nos negócios, na libertação contra o inimigo, os judeus não se rebelavam nem descriam, mas apenas se entristeciam, tal qual os filhos obedientes e afetuosos se conformam com as negativas dos pais. No entanto, qualquer favor mais insignificante atribuído a Jeová era motivo sagrado para eles oferecerem em seu louvor o melhor casal de pombos, o carneiro mais gordo, o vaso de óleo mais cheiroso, o incenso mais fragrante trazido da Índia, o presente mais terno buscado em Alexandria. Não era um tributo convencional e interesseiro, mas uma oferenda cheia de mimos e de cuidados.

PERGUNTA: — Alhures, dissestes que os galileus eram menos apegados aos ritos e às obrigações religiosas. Não é assim?

RAMATÍS: — Realmente, isso era verdade. Aliás, a Galileia ficava ao norte de Jerusalém e por isso os seus habitantes não podiam frequentar tão assiduamente o Templo, como os judeus que ali moravam. Essa dificuldade enfraquecia-lhes o gosto ou o dever das oferendas constantes, relaxando-lhes o compromisso religioso tão arraigado entre os jerusalemitas. Pouco a pouco, descuravam de suas obrigações para com o Templo e à medida que Jesus lhes incutia no espírito a natureza espiritual do "reino de Deus", afastavam-se das observâncias exteriores das leis e das prescrições mosaicas, apegando-se cada vez mais aos rabis itinerantes.

Os galileus jamais poderiam assistir a qualquer cerimônia privada no Templo. Eram condenados pelos fariseus, porque lhes faltava o espírito de nacionalidade judaica e ainda admitiam dúvidas ou novas interpretações sobre os ensinos de Moisés, considerados imutáveis. De outro lado, sofriam os apodos e as críticas dos saduceus porque, além de lhes faltar a aristocracia judaica, enfraquecia-lhes a confiança nos sacerdotes e se apegavam mais propriamente aos seus rabis empoeirados. Os galileus, na realidade, consideravam sua religião como pura emotividade de espírito e não como ferrenho código moral.

Eis aí alguns rápidos traços do povo galileu que, em sua peculiaridade afetiva, sua crença religiosa de amor a Jeová, seu temperamento amoroso e hospedeiro, o fizeram a moldura viva da obra messiânica de Jesus. Assim como o fermento leveda a massa de farinha e lhe favorece o crescimento, o povo galileu também foi o fermento humano que deu força iniciática e divulgou o Evangelho do Mestre Jesus, o qual jamais encontraria tanta afetividade, compreensão e amor para o sucesso dos seus ensinamentos. Ele não teria nenhum êxito se os pregasse, de início, entre os saduceus orgulhosos e os fariseus intrigantes, que se apegavam à letra da Lei como o carrapato ao couro do animal. O povo galileu, alegre, ativo, buliçoso, rixento, sincero na sua fé e puro na sua amizade, foi realmente o verdadeiro ensaio para o advento do cristianismo.

PERGUNTA: — Reconhecendo que a paisagem da Galileia e a hospitalidade dos galileus foram de influência benéfica, catalisando as atividades de Jesus, gostaríamos de saber como ele assentou as bases doutrinárias do Cristianismo entre raças tão diferentes.

RAMATÍS: — Aquilo que vos pode parecer deficiente ou dificultoso, no início da obra de Jesus, foi-lhe de excelente proveito em face de sua agudeza espiritual e conhecimento profundo dos sentimentos humanos. As divergências próprias de indivíduos originários de raças antagônicas, assim como as discórdias comuns entre os galileus, serviam a Jesus como um verdadeiro ensaio para o seu treino espiritual na confecção do Evangelho destinado à humanidade. O ambiente em que vivia também lhe permitia proveitosa auscultação sobre a natureza dos homens, sem necessidade de percorrer o mundo e então conhecer os variados caracteres da humanidade.

O Mestre não fugia do contato diário com todos os habitantes do lugar, embora preferisse ficar à tona das cizânias, rixas e contendas de todas as espécies. Em vez de atear fogo aos conflitos e embates religiosos, ele sempre interferia com a palavra amorosa e sincera, acima dos preconceitos, costumes e das tradições de raças e de religião. Graças ao seu sublime entendimento espiritual, conseguia harmonizar o entendimento sobre os temas expostos e contentava ambos os adversários, quer amainando as tempestades do personalismo humano, como amenizando as paixões dos contendores. Os conflitos mais violentos logo perdiam o seu ardor e enfraquecia-se o ânimo dos rixentos, assim que percebiam a aproximação de Jesus.

Os idiomas ou dialetos, as devoções e os costumes diferentes dos seus conterrâneos faziam considerá-los como a miniatura da própria humanidade terrena, a qual também subdividia-se em matéria de fé, sentimento, religião e política.

Jesus meditava sobre a natureza humana ainda tão animalizada e ignorante na sua insatisfação, avareza, crueldade, cupidez, no seu amor-próprio e orgulho de raça. Essas paixões e os desejos incontrolados eram realmente os motivos responsáveis pelos desentendimentos entre os homens, os quais, assim como os animais, só se mostravam inofensivos quando bem alimentados, fartos, gozando saúde e satisfação no seu instinto sexual.

E o Mestre entristecia-se verificando que o homem precisava tão pouco para ser feliz, bastando-lhe somente amenizar o desejo cúpido e domesticar as paixões violentas para ele ser mais venturoso e substituir os prazeres transitórios da carne pelos prazeres duradouros do espírito. Então se propunha ensinar a criatura humana, transmitindo-lhe um pouco da ventura espiritual, que era o seu estado normal de alma. Ali, na Galileia, ele vislumbrava representantes das principais raças do mundo, cujos homens eram portadores de todas as paixões, vícios e ardis. Juntamente com algumas virtudes benfazejas, também se manifestavam neles todos os tipos de pecados humanos, motivo por que a Galileia então lhe parecia um mostruário vivo dos espécimes representativos de toda a humanidade.

Jesus bem sabia da inutilidade e inoperância dos tratados civis, das leis e dos códigos penais, das doutrinas e das seitas religiosas do mundo que tentassem disciplinar a conduta humana, porquanto a repressão moral não educa o coração do homem. Nem o culto religioso, a disciplina filosófica, nem os conceitos avançados de ética poderiam extirpar do coração dos homens as paixões e os vícios, se atuassem do "exterior" para o "interior". O êxito só poderá ser do centro para a periferia, do mundo oculto para o visível, do espírito para a mente, e na forma de um sentimento tão amoroso que consiga purificar os pecados da própria alma.

Então Jesus compreendeu que para o homem tornar-se altruísta, teria de ser explorado no próprio egoísmo. Visando ao seu maior bem também poderia visar ao bem do próximo. Jamais alguém poderia dar aquilo que ainda não possuísse realizado e satisfeito em si mesmo. O homem primeiramente teria de ser egoísta, isto é, "acumular" até sua plena satisfação, para depois sentir o prazer de doar e repartir. Por isso, seria preciso transbordar os homens de amor, a fim de que eles passassem a amar-se uns aos outros. Partindo do próprio egoísmo da criatura preferir o máximo bem para si, Jesus lançou então a sua máxima ou princípio surpreendente e de maior sublimidade no ser: — "Ama o próximo como a ti mesmo". O egoísmo, tão gélido e separatista, principal sustentáculo ou cogitação da personalidade humana, então serviria para cimentar o fundamento do próprio amor, em relação ao próximo.

Jesus não visava aniquilar a "força" do egoísmo, mas apenas inculcar-lhe um sentido proveitoso em benefício do próximo. O amor a si mesmo seria, pois, a ação dinâmica do amor a outrem. Utilizando o seu admirável dom de percepção espiritual, Jesus procurava identificar em si mesmo quais seriam as reações morais do espírito diante da injustiça, da ingratidão, da perversidade ou do egoísmo humanos. Ele não acusava mágoas ou ressentimentos, nem sofria intimamente a agressão ou o insulto alheio, mas buscava conhecer as torturas a que se submetem as criaturas terrenas, mortificadas pelos seus próprios pecados e vícios. No entanto, reconhecia que os homens eram perversos, orgulhosos ou avaros, porque também eram ignorantes e imaturos de espírito. Indubitavelmente, em vez de serem condenados ou mesmo censurados, eles precisavam ser esclarecidos ou ensinados, quanto ao verdadeiro motivo da vida e à responsabilidade do espírito eterno.

Assim como os animais selvagens se tornam pacíficos e serviçais depois de domesticados, os homens, ainda que extremamente imperfeitos, também podem ser bons e ternos, domesticando suas paixões, em vez de atacá-las de modo agressivo. Jesus, alma sublime e generosa, propôs-se então ensinar os homens e torná-los dignos da ventura do "reino de Deus", onde a paz de espírito é o fundamento principal da existência paradisíaca. Mas também reconhecia a necessidade de viver as lições a serem ministradas à humanidade se quisesse, realmente, conquistar a confiança dos terrícolas. Só através do seu exemplo pessoal, da completa renúncia a todos os bens e prazeres do mundo, sofrendo estoicamente na própria carne as dores das ingratidões e agressividades alheias, ele então poderia demonstrar a sua fé incondicional e submissão absoluta à vontade de Deus, atraindo assim a confiança dos homens.

Jesus, dali por diante, fixou-se definitivamente no tema que, além de lhe assegurar a glória entre os anjos, ainda o consagrou entre os homens — o amor! Só pelo amor valia a vida; só pelo amor o homem se salvaria. Nenhum outro sentimento, fora do amor, poderia irmanar o lobo e o cordeiro, o amigo e o inimigo, o publicano e o santo, o crente e o ateu, o mal e o bem, o rico e o pobre. O amor, portanto, seria o lema definitivo de todas as suas pregações, conforme ele comprovou em todos os momentos de sua vida, de sua paixão e morte. Até o derradeiro apelo quando, do cimo da cruz e diante das multidões alvoroçadas e sarcásticas, dirigiu ao Criador aquela rogativa patética, de misericórdia infinita, dizendo: — "Pai! Perdoai-lhes, pois eles não sabem o que fazem!"

Por que Jesus teria de nascer na Judeia?

PERGUNTA: — Jesus teria que nascer fatalmente na Judéea para ter bom êxito na sua missão redentora? Porventura não existia, na mesma época, algum outro povo que, espiritual e psicologicamente, pudesse servir para o mesmo objetivo?

RAMATÍS: — Desde que a Administração Sideral reconhecesse, em qualquer outro povo, qualidade e até os defeitos peculiares do judeu, é óbvio que Jesus não precisaria se encarnar em Israel. Mas a Judeia e os hebreus, embora considerados na época "uma coleção desprezível de escravos",[19] por seus costumes, por sua fé religiosa e capacidade de adaptação a todos os misteres da vida, é que realmente ofereciam as condições psicofísicas eletivas para o melhor sucesso da missão salvacionista do Messias. Aliás, o Velho Testamento sempre o considerou o povo eleito para o advento do Messias e o próprio Moisés, no Monte Sinai, ao unificar a revelação espiritual para um só Deus — Jeová — lançou as bases preliminares do cristianismo. Isso aplainou o caminho para o Mestre Jesus consolidar sua obra, dispensando-o do espinhoso trabalho de fundir diversos deuses pagãos numa só unidade, como ele depois pregaria através do seu sublime Evangelho.

É óbvio, portanto, que só uma raça estoica, ardente e fanática em sua crença religiosa monoteísta seria capaz de corresponder ao convite espiritual de Jesus, sem qualquer resistência ou sarcasmo à encantadora mensagem da "Boa Nova" e do "Reino de Deus". O judeu traz o seu sentimento à flor da pele e vive mais pela fé do que pelo raciocínio, embora seja instintivamente muito sagaz para negócios e especulações da

[19] Opinião de Tácito.

vida humana. Mas, em questão de crença e de devoção, ele pouco indagava os motivos que o mandavam proceder deste ou daquele modo com o seu Deus. A sua fé inata não pedia explicações intelectivas; ele cria e obedecia cegamente naquilo que transcendesse o seu mundículo de atividades humanas. Por isso, Jesus encontrou o caminho aberto para a sua prédica evangélica entre os judeus, sem precisar destruir o antropomorfismo de Jeová, sem alterar as legiões angélicas, sem desmentir os velhos patriarcas e profetas do Antigo Testamento. Ele viera iluminar ou ampliar os próprios ensinamentos de Moisés e torná-los mais amenos quanto à sua responsabilidade moral. Substituía o conceito pessoal e punitivo de "olho por olho e dente por dente", pela condição cármica de "quem com ferro fere com ferro será ferido", na qual Deus não castiga, mas é a própria criatura que se pune dos seus pecados, aceitando espontaneamente os mesmos efeitos das causas perniciosas movimentadas no passado.

Jeová, sob o toque sublime dos ensinamentos de Jesus, tornava-se mais tolerante, terno e compassivo, diminuindo suas exigências demasiadamente humanas. Isso atendia às simpatias dos galileus, que eram considerados gentios ignorantes dos formalismos religiosos e que aceitavam, sem protestos, a nova versão de Jeová, distanciando-se cada vez mais das seitas religiosas e dos bens do mundo. Mas os fariseus, embora sem qualquer temor dos ensinamentos daquele rabi da Galileia, perceberam que se enfraquecia a virilidade doutrinária de Moisés. E a perigosa desumanização de Jeová poderia trazer sérios prejuízos aos cofres do Templo. Daí por diante, eles passaram a vigiar Jesus e recear os efeitos de suas ideias desagregadoras na comunidade dos galileus.

PERGUNTA: — Jesus também não poderia comprovar sua missão, encarnando-se entre outras raças que, igualmente, adoravam a Divindade e rendiam-lhe cultos religiosos? Que vos parece?

RAMATÍS: — Não é somente o culto religioso, a devoção pobre ou fidalga, mas acima de tudo importa distinguir num povo ou raça, qual o sentimento que o anima nessa crença religiosa. Há cultos religiosos de natureza profundamente racionalista ou excessivamente interesseiros, que se devotam a diversos deuses. A missão de Jesus, em seu início e acima de tudo, pedia "sentimento puro", fé inabalável, humildade absoluta e certa ingenuidade dos seus simpatizantes, a fim de cimentar-se rapidamente, sem discussões estéreis, especulações fatigantes ou dúvidas mortificantes. Tendo seu início nas raízes mais profundas do coração humano, só a valorização imediata de sentimentos e de emoções quase infantis poderia sustentar o cristianismo no seu berço, até aliciar mais tarde os testemunhos próprios dos intelectos mais desenvolvidos. Hoje, o Evangelho é, sem qualquer hesitação, uma doutrina respeitada pelos cérebros de maior cultura filosófica e científica do mundo, considerado um poema de beleza e um tratado de libertação do espírito aguilhoado à animalidade biológica. Raros homens puderam entender quantas dificuldades Jesus encontrou nos primeiros dias de sua pregação doutrinária, quanto ao seu cuidado para que fosse afastada e superada qualquer excrescência do mundo. Os próprios espíritas de hoje podem avaliar esse zelo de Jesus para manter a pureza iniciática do cristianismo pelo esforço que também fazem para evitar que o espiritismo codificado sofra as deformações, os ridículos das práticas supersticiosas impróprias à sua mensagem de libertação espiritual.

Por isso, Jesus teve de recorrer exclusivamente aos homens brutos, ignorantes e intempestivos, porém simples, francos, humildes e sinceros em suas emoções, como foram os apóstolos. Eles jamais contestavam os ensinos do Mestre, nem lhe opunham as conclusões próprias dos malabarismos do intelecto. Bebiam as palavras que lhes eram transmitidas noticiando o "Reino de Deus" e criam cegamente naquela mensagem de ternura e esperança infinitas. Assim, foram eles o cimento vivo que solidificou os fundamentos do cristianismo, até se tornar resistente e imune às influências dos credos pagãos da época e às distorções religiosas, próprias das falsas interpretações pessoais.

Devido ao seu fabuloso conhecimento sobre a psicologia da alma humana, Jesus sabia dos prejuízos que sua obra sofreria, caso recorresse de início ao intelecto dos homens em vez de falar-lhes ao coração. Os seus primeiros discípulos teriam de ser criaturas descomplexadas, com emoções à flor da pele, tal qual as criancinhas, "porque delas é o reino dos céus". Artista Divino, trabalhando há dois mil anos com material tão deficiente como o pescador, o camponês, o publicano e a prostituta, Jesus esculpiu na carne humana as figuras monumentais de um Pedro, João, Mateus, Tiago, Timóteo, Madalena e outros. Só depois que o coração dos simples consolidou a base do cristianismo é que o Alto então recorreu mais propriamente ao intelecto, chamando ao movimento libertador cristão a figura de Paulo de Tarso. Mesmo José de Arimateia, Nicodemos e Gamaliel, homens de cultura e de relevo na época, gozaram de certas credenciais junto ao Mestre, porque, simpáticos à doutrina dos essênios,[20] já eram humildes de espírito.

Sem dúvida, empolga-nos reconhecer que a mesma doutrina, cujas bases Jesus assentou na rudeza e simplicidade de um Pedro, na sublimação de Madalena e na sinceridade do publicano Mateus, mais tarde, gerou um Agostinho, discípulo apaixonado de Platão e cuja eloquência, ao expor a Teologia Cristã, abalou Roma e Cartago; ou ainda, o maior filósofo da Igreja, como é Tomás de Aquino, um dos maiores gênios da Idade Média na propaganda do Catolicismo. Mas prevendo também o perigo do intelecto desgarrar-se em demasia e depois formalizar o Evangelho acima do coração humano, aristocratizando em excesso o clero responsável pela ideia cristã, o Alto recorre então ao mesmo espírito que fora o apóstolo João e o faz renascer, na Terra, para viver a figura admirável de pobreza e renúncia de Francisco de Assis. Assim, o calor cordial do sentimento purificado e a abdicação aos bens transitórios do mundo, vividos pelo frade Francisco de Assis, reativaram novamente a força coesiva e poderosa que cimentou as bases do Cristianismo nas atividades singelas de pescadores, camponeses, publicanos e gente de mau viver. Na comunidade da própria Igreja Católica, transformada em museu de granito e mármore, cultuando as quinquilharias de ouro e prata entre a púrpura e o veludo dos sacerdotes, o Alto situou Francisco de Assis, convidando todos os eclesiásticos à volta do Cristo-Je-

[20] Nota do Revisor: - Essênios ou Terapeutas, cuja Fraternidade perde suas raízes além das civilizações já conhecidas. Em remota antiguidade, foram conhecidos como os profetas brancos, para os quais a reencarnação e a lei do carma eram assuntos familiares.

sus da simplicidade, da renúncia e do amor. Infelizmente, só alguns raros espíritos que mourejavam no seio do catolicismo entenderam o divino chamamento e, realmente, passaram a viver os preceitos puros do cristianismo nascido à beira do mar da Galileia.

No entanto, imaginai Jesus tentando alicerçar sua mensagem deísta entre a versatilidade dos deuses pagãos da Grécia, dos povos bárbaros da Germânia, dos fanáticos da Gália, dos espanhóis agressivos, dos selvagens da África, dos feiticeiros da Caldéia ou das castas orgulhosas da Índia massacrando o pária infeliz! Sem dúvida, o Mestre fracassaria atuando no seio dessas multidões rústicas, fanáticas, irascíveis e politeístas, que se dividiam em castas de sacerdotes e párias, escravos e senhores, além do seu culto aos deuses protetores das mais variadas paixões do mundo.

Aliás, convém não esquecer que Paulo de Tarso, depois que Jesus já tinha sido crucificado, foi alvo de risotas e zombarias, quando tentou pregar entre os gregos altamente intelectualizados alguma coisa do Evangelho.

PERGUNTA: — Mas não seria Roma, justamente da época brilhante de Augusto, a mais indicada para a missão de Jesus?

RAMATÍS: — Jamais o Mestre Cristo conseguiria em Roma aqueles discípulos fiéis, que foram coletados à margem do Mar de Genesaré e nas planícies da Galiléia, pois nenhum romano ambicioso abandonaria as redes de pesca e os seus interesses comuns para aceitar o convite de um homem empolgado por um reino hipotético de amor e bondade. Como atrair a atenção dos sanguinários gladiadores dos erros romanos, para fazê-los compreender a lição singela do "grão da mostarda"? Qual a maneira capaz de situar, a contento, entre as matronas de costumes dissolutos, a recomendação do "vai e não peques mais", como advertência à mulher adúltera? Jesus não teria êxito pregando o amor, a paz, a tolerância, o perdão e a renúncia entre as ferozes legiões de César e seria motivo das chacotas mais ferinas, caso tentasse o "sede puros e perfeitos, como puro e perfeito é o vosso Pai", entre os glutônicos romanos amigos de banquetes pantagruélicos regados a tonéis de vinho.

Já de início, ele se sentiria impotente para converter os romanos ao culto de um só Deus, pois isso implicaria despojá-los de sua fé interesseira e dos deuses que lhes atendiam todos os desejos, caprichos e lhes presidiam os amores, negócios, divertimentos, jogos ou circo, as conquistas guerreiras como a fertilidade genésica. Viris e ambiciosos, personalistas e insensíveis, cúpidos e dissolutos, raríssimos cidadãos romanos poderiam impressionar-se com os apelos para a humildade, renúncia, pureza e frugalidade. Em Roma, o povo rendia tributo religioso quase como quem acerta seus negócios e liquida débitos numa conta corrente. E o que era mais importante: os deuses também lhes deviam a obrigação e a glória de serem divulgados e cultuados nas longínquas províncias da Gália, Palestina, Germânia, Síria ou Egito, onde tremulavam as águias de Roma. Só o povo de Israel realmente seria capaz de realçar a figura angélica de Jesus, no cenário do mundo.

PERGUNTA: — Mas a força espiritual de Jesus não seria suficiente para ele vencer todos os óbices encontrados no ambiente físico em que devesse encarnar-se?

RAMATÍS: — Se bastasse somente a força espiritual de Jesus para afastar todas as dificuldades naturais do mundo físico, é evidente que ele também não precisaria encarnar-se na Terra para esclarecer "pessoalmente" o homem, pois isso poderia ser feito do próprio mundo invisível e só em espírito. Para servir à humanidade encarnada Jesus necessitou mobilizar os mesmos recursos dos demais homens e honestamente enfrentar as mesmas dificuldades. Embora se compreenda que o gênio já existe na intimidade do pintor excelso ou do compositor incomum, o certo é que o primeiro precisa de pincéis e tintas e o segundo, de instrumentação musical para, então, darem forma concreta às suas criações mentais.

Jesus também era um gênio, um sábio e um anjo em espírito, mas precisou exilar-se na matéria para entregar pessoalmente a sua mensagem de salvação do homem. Em consequência, serviu-se de instrumentação carnal apropriada e enfrentou os óbices naturais do mundo físico para realizar sua tarefa de esclarecimento espiritual. Ele só dispunha do curto prazo de 33 anos para cumprir sua tarefa messiânica, como o sintetizador de todos os instrumentos espirituais que o haviam antecedido. Sua obra exigia uma conformação absoluta ao gênero humano e um exemplo pessoal incomum, sem gozar de privilégios extemporâneos do mundo invisível, que depois enfraquecessem as convicções dos seus discípulos ou produzisse o milagre que gera a superstição.

PERGUNTA: — Podemos crer que o advento de Jesus à Terra deveria ser efetuado rigorosamente há dois milênios? Ou esse fato tanto poderia ocorrer alguns séculos antes ou depois?

RAMATÍS: — O "acaso" é coisa desconhecida no Cosmo, pois tudo obedece a um plano inteligente; e os mínimos acontecimentos da vida humana interligam-se às causas e efeitos em correspondência com o esquema do Universo Moral. Sem dúvida, há um fatalismo irrevogável no destino do homem: a sua eterna felicidade. Ninguém jamais poderá furtar-se de ser imortal e venturoso, pois, se isso fosse possível, Deus também desapareceria, porque o espírito humano é da mesma substância do Criador. Dentro do plano inteligente de aperfeiçoamento dos homens e dos mundos, o Alto atende aos períodos de necessidades espirituais das humanidades encarnadas, assim que elas se manifestam mais sensíveis para as novas revelações e evolução dos seus códigos morais.

Na época exata dessa necessidade ou imperativo de progresso espiritual, manifesta-se na Terra um tipo de instrumento eletivo a cada raça ou povo, a fim de apurar-lhe as idiossincrasias, ajustar o temperamento e eliminar a superstição. É uma vida messiânica de esclarecimento sobre o fanatismo religioso e o preparo de um melhor esquema espiritual para o futuro. Antúlio, o filósofo da Paz, pregou aos atlantes as relações pacíficas entre os homens; Orfeu deixou seu rasto poético e saudosa melodia de confraternização entre os gregos; Hermes ensinou no Egito a imortalidade da alma e as obrigações do espírito após a morte do corpo físico; Lao-Tse e Confúcio atenderam ao povo chinês, semeando a paciência e a amizade sob as características regionais; Moisés, quase à força, impôs a ideia e o culto de Jeová, um único Deus; Zoroastro instruiu os persas na sua obrigação espiritual; Krishna despertou os hindus para o amor a Brahma, e Buda, peregrinando pela Ásia, aconselhou a purificação da mente pela luz do coração.

Todas as encarnações desses instrutores espirituais precederam Jesus no tempo certo e obedecendo a um programa evolutivo delineado pelo Alto. Eles amenizaram paixões, fundiram crenças, fortaleceram a mente terrena, aposentaram deuses epicuristas, propuseram deveres e prepararam a humanidade para fazer jus à crença em um só Deus e a disciplinar-se por um só Código Moral do mundo, o qual seria o Evangelho. Malgrado cada povo interprete a ideia da Divindade conforme o seu critério e a tradição de sua raça, o certo é que todos os missionários do espírito descidos à Terra só tinham um objetivo: pregar a compreensão de um só Deus. A humanidade pouco a pouco apercebe-se de que na essência dos vocábulos de cada raça a ideia unitária de Deus é sempre a mesma, quer o chamem de Alá, Tupã, Jeová, Zâmbi, Rá, Foco Criador, Absoluto, Parabrahin, Senhor dos Mundos, Energia Universal, Grande Espírito ou Motor Imóvel.

Consequentemente, Jesus também baixou à Terra no tempo exato para sintetizar os ensinamentos dos seus predecessores e a época dessa necessidade espiritual foi exatamente há dois mil anos.

PERGUNTA: — Embora considerando que a Palestina foi, na realidade, o ambiente mais apropriado para Jesus realizar sua missão redentora, por que ele nasceu na Galileia tão rústica e estigmatizada pelos contemporâneos, se podia fazê-lo melhor, nascendo em Jerusalém?

RAMATÍS: — Repetimos que Jesus foi um espírito eleito para sacudir o pó das superstições religiosas e esclarecer doutrinas que ainda sacrificavam animais e até seres humanos a um Deus cruel. Ele carecia de um cenário estimulante e inspirativo, que lhe avivasse incessantemente a memória espiritual do mundo angélico. Embora fosse um espírito excelso e sábio, era-lhe conveniente um incentivo e encanto proporcionados pela beleza e pela poesia terrena, que assim a ajudaria a sustentar sua mente em um nível de maior rendimento messiânico.

A vida singela e encantadora da Galileia, que já descrevemos, com seu clima ameno, não exigia resguardo severo para proteger a saúde; dava conforto e tranquilidade ao seu povo sem exigir os requintes complicados do luxo oneroso. E servia a Jesus de contínua inspiração, amenizando-lhe o exílio sacrificial da carne, mediante a beleza, a ternura e o fascínio de sua paisagem. O povo galileu, feliz e satisfeito, habituado a alimentação leve e fácil, que não afogueava o sistema neurodigestivo, era um público assíduo e ideal para ouvir as prédicas de Jesus e que se comovia ante as boas novas do Paraíso e as deliciosas parábolas sobre os deveres do espírito imortal.

Jerusalém, no entanto, era um ambiente oposto à emotividade de Jesus, pois a cidade era foco constante de conflitos, sedições religiosas e fanatismos supersticiosos, através de um povo avaro, cúpido, intriguento, inescrupuloso e ainda explorado por um sacerdócio cuja cultura religiosa era apenas canônica ou teológica. O estudo da lei mosaica, ou do Torá, não ia além de fatigantes discussões muito parecidas com as que ainda hoje ocorrem entre as seitas protestantes, às vezes, por causa da troca de uma vírgula ou de um erro tipográfico na Bíblia.

Jerusalém era pedregosa e antipática, sua paisagem monótona e melancólica, os seus vales produzidos pelos desmoronamentos, sempre atulhados de lixo, serviam de moradia aos vagabundos ou infelizes leprosos. Não havia água em abundância, os córregos eram sujos e os pastos secos. Os animais dos caravaneiros retardados pousavam fora dos muros da cidade. Nos dias quentes, o mau odor do capim apodrecido, do suor e do mau cheiro dos animais espalhava-se pelos subúrbios da cidade. No verão, as lajes batidas pelo sol ardente aqueciam os pés e os calçados dos transeuntes, os quais suavam envoltos nos seus trajes pitorescos.

Em Jerusalém crescia a azáfama das cidades asiáticas; ali misturavam-se a sujeira das ruas, os excrementos dos animais e a exalação do péssimo esgoto mal distribuído. Os mercados estabelecidos pela prefeitura faziam rebuliço e entravam em rixa com os vendeiros ambulantes, disputando fregueses para a compra de peixe, de cerâmica, de tecido, hortaliças ou quinquilharias. A confusão e os gritos recrudesciam ante as súplicas obstinadas dos mendigos e enfermos, próprios dos grandes ajuntamentos de criaturas. A cidade oferecia um aspecto árido e desagradável para um espírito do quilate de Jesus; e jamais ele poderia aquecer ali os sonhos e os ideais acalentados desde a infância em Nazaré.

Embora o Alto tenha escolhido a Palestina como o local adequado para a missão de Jesus, a beleza da Galileia e a ternura de Nazaré serviram para alimentar-lhe a chama sublime do seu amor inesgotável a favor da humanidade.

PERGUNTA: — Naturalmente, Jesus se deixou influenciar fortemente pela raça judaica em que viera encarnar, embora fosse um espírito universalista. Não é assim?

RAMATÍS: — As raças, os povos e os homens são apenas ensejos educativos e transitórios, que revelam à luz do mundo material as aquisições feitas pelo espírito imortal. Poder-se-ia dizer que a face dos planetas serve para o espírito verificar e comprovar a sua consciência, o que ele já realizou em si mesmo. Deste modo, ele extrai ilações pessoais de sua capacidade, resistência, renúncia, individualidade e do seu talento espiritual. Apura o espírito e passa a cultuar as manifestações que mais se enquadram nos códigos morais dos mundos superiores. Esforça-se depois para anular ou mesmo evitar os ascendentes que lhe retardam a paz e a ventura definitivas.

Eis por que, reportando-nos ao passado, verificamos que inúmeras raças, depois de se imporem na face do orbe pelo fausto, cultura, comércio, descobertas ou conquistas belicosas desapareceram completamente, deixando raros vestígios. Assim é que Babilônia, Fenícia, Sodoma, Gomorra, Herculanum, Pompéia, Hititia, Caldéia, Cartago e as civilizações atlantes sumiram do mapa terráqueo. E a Pérsia, Etiópia, Hebreia, Egito e outras velhas nações também começam a oscilar nos seus alicerces, mal sustentando sua glória e poderes tradicionais do passado.

Mas é evidente que o amor manifesto por um chinês, árabe, russo, italiano ou groenlandês é sempre o mesmo em sua essência, embora varie o tipo do instrumento físico de que o espírito se utiliza para isso. Jesus, portanto, quer fosse judeu ou inglês, revelaria sempre o seu intenso e incondicional amor pela humanidade, malgrado tivesse de manifestá-lo pelas características próprias da raça que lhe fornecesse o equipo carnal. A prova mais concreta de que ele não foi um judeu no sentido racista da palavra, mas um homem cuja doutrina moral e religiosa se destina a toda humanidade, é que os próprios judeus "ainda não o reconheceram", conforme prediziam os velhos profetas do Antigo Testamento.

Em sua época, civilizações como a Grécia, Pérsia e o Egito já haviam dado ao mundo inúmeros sacerdotes, filósofos, cientistas, sábios, escritores e poetas. Mas eles ainda se prendiam à avidez da especulação metafísica, sem apresentar soluções prosaicas que, pelo menos, ajudassem o homem comum a melhorar sua existência e treinar praticamente a sua consciência moral. Platão discursara o advento de uma humanidade só integrada por artistas, filósofos, poetas e cientistas; Sócrates pregara uma conduta moral avançada, mas dependendo de certos grupos eletivos para cultuá-la; Epicuro ensinara a substituição das dores corporais pelos prazeres do espírito e Zenon explicava o estoicismo na crueza dos sofrimentos, doutrinas que, embora louváveis, exigiam, no entanto, muita força de vontade, pertinácia e boa dose de otimismo para sublimar o sofrimento humano e especular sobre a metafísica.

Jesus não trazia mensagem complexa, nem pedia investigação técnica e teórica para enriquecer o intelecto, pois apregoava uma autorrealização singela e à luz do dia, através de um trabalho lento, mas eficiente, do espírito libertar-se da matéria. A simplicidade, a fé, a devoção, a humildade, a resignação, a pureza, a ternura, o perdão, a renúncia e o serviço ao próximo eram coisas possíveis e realizáveis à face da Terra. E ninguém poderia zombar ou descrer disso, porque o Mestre que ensinava era o exemplo vivo de suas próprias recomendações. Não dizia Jesus comumente aos seus apóstolos: "Se ainda não compreendeis as coisas da Terra, como quereis que vos fale só das coisas do céu?"

Ele era objetivo e suas parábolas versavam sobre coisas tangíveis e assuntos de bom-senso, tais como a "semente da mostarda, os talentos enterrados, o fermento que leveda, o joio e o trigo, o lobo e o cabrito, o bom samaritano, o filho pródigo, o tesouro escondido, o mordomo infiel, o semeador ou o rico insensato".

Não era um judeu predicando para judeus, mas um representante da humanidade dos céus, falando para todas as criaturas, porque sua linguagem até hoje é perfeitamente entendível por todos os povos e raças. Não foi o vaso carnal da raça israelita que condicionou o espírito de Jesus a uma ética ou temperamento peculiar ou lhe modelou a maneira de ensinar, incentivado por características específicas de um povo. O seu espírito sublime é que iluminou a linhagem biológica do judeu.

Aspectos da Judéia, Galileia e Nazaré no tempo de Jesus

PERGUNTA: — Qual a ideia que poderíamos fazer da Judeia na época de Jesus?

RAMATÍS: — A Judeia, no tempo de Jesus, era habitada por diversas raças que viviam se digladiando em rixas e conflitos incessantes, que por vezes terminavam em lutas sangrentas. Estava sob o jugo de Roma e era governada por procuradores da confiança de Tibério, os quais, após certo tempo de permanência no território conquistado, em que agiam de maneira inescrupulosa, pois exploravam até os ódios e os desentendimentos entre os judeus, então retornavam a Roma com as suas arcas pejadas de ouro.

Anualmente fazia-se a eleição para o cargo de Sumo Sacerdote do Sinédrio, privilégio que era disputadíssimo entre as quatro principais famílias mais bem aquinhoadas de Jerusalém, pois além do poder temporal sobre os judeus, isso ainda permitia rendimentos fabulosos e fortuna certa. Feita a vaga, o procurador de Roma punha a mesma sob verdadeiro "leilão" falacioso, no qual ele explorava todas as negaças e ofertas mercenárias, que surgiam na trama feroz entre as próprias famílias sedentas do cargo de Sumo Sacerdote. A luta era cruenta para essa eleição, pois originavam-se discórdias, intrigas, traições, conluios e manhas ardilosas pela posse tão cobiçada. Irmãos, sogros, genros, pais e filhos não hesitavam em cometer as maiores baixezas e perfídias, tentando a política rasteira de comprar o beneplácito do Procurador Romano que, à guisa de uma ave de rapina, conseguia fortuna fácil nessas províncias tão longínquas de Roma.

A classe sacerdotal vivia nababescamente graças às taxas e impostos lançados sobre um povo já onerado pelos diversos tributos devidos a Roma. As oferendas e obrigações religiosas para com o Templo de Jeová proporcionavam o excelente negócio de animais e aves sacrificados, que depois se transformavam em rendosa especulação, vendidas a retalho e a bom preço. As moedas e os metais preciosos enchiam as arcas sagradas. Os cobradores de taxas e os coletores de dízimos grandes e pequenos faziam a cobrança do povo já exaurido pela sangria de Roma. Os judeus infelizes pagavam taxas desde o uso da água, do pão, da carne e das estradas. O tributo variava conforme a área do terreno ocupado, a situação e importância do lugarejo ou o perímetro mais progressista da cidade. Todos os produtos levados ao mercado sofriam taxações elevadíssimas. Os vinhateiros, cerealistas, lavradores e artífices de todos os tipos e regiões eram obrigados a pagar em cada encruzilhada ou passagem de rio, na guarita dos arrecadadores, a moeda para o César de Roma.

Mas o povo não se obrigava a essa carga onerosa somente para com o Império Romano, pois ainda lhe cumpria arcar com os impostos de natureza religiosa, cujas taxas devidas ao Templo incidiam desde a redenção do pecador, à santificação do virtuoso, ao advento do recém-nascido, à maturidade dos primeiros frutos, das hortaliças e ainda outras obrigações sobre as coisas mais fúteis escorchavam o povo escravizado. Tanto o tributo romano como o religioso para o Templo eram obrigatórios, sendo severamente punidos aqueles que o sonegassem. Ai de quem não pudesse cumprir sua dívida para com o fisco no prazo compulsório! Ele perdia o seu burrico, sua vaca, seu carneiro, seu galináceo, seu vinhedo, seu campo, sua palhoça ou sua lavoura. E quando nada mais possuía para cobrir o imposto escorchante e impiedoso do fisco romano e do Sinédrio, então só lhe restava a prisão E, em certos casos, o trabalho escravo até liquidação da dívida, e que não devia exceder de sete anos.

É certo que cabia ao povo alguma culpa de tal situação, porquanto em face do seu fanatismo e velha superstição religiosa, deixara-se explorar até ao ponto de se transformar em matéria-prima de fácil especulação para os sacerdotes cúpidos que eram amparados pelos romanos manhosos. O Procurador de Roma lograva as boas graças junto ao Sinédrio, porque sempre lhe garantia a execução das bulas e dos decretos forjados pela avidez de lucros, mas que não passavam de verdadeira pilhagem religiosa habilmente disfarçada como tributos devocionais.

O interessante é que, apesar da evolução da ideia religiosa, do avanço da própria ciência e da melhor compreensão da realidade espiritual, ainda hoje existem inúmeros fiéis que contribuem para essa negociata tradicional do sacerdócio organizado, como seja a que é mantida pelo Clero Romano moderno. Embora as oferendas religiosas ou taxas para os templos de hoje sejam voluntárias, o negócio progride dia a dia.

Tal qual acontecia na Judeia no tempo de Jesus, hoje cobram-se nas igrejas as taxas para batismo, casamento, crisma, a missa das almas, do defunto ou da colação de grau. Há um dízimo grande e pequeno dos festeiros, noveneiros ou paroquianos ausentes; o arrendamento do altar ou banco cativo para as famílias afidalgadas. Ao lado do templo, a livraria vende escapulários, santinhos, rosários e relíquias abençoadas pelo sacerdote. A organização progride, efetivando campanhas buliçosas para o novo vitral ou a nova torre da Igreja ou para a troca da coroa da santa padroeira do local. Arrecadam-se moedas para ações sociais nos bairros pobres, requer-se ajuda para as procissões dramatizadas ou transladações de imagens e congressos eucarísticos, que oneram os próprios cofres públicos. Raras autoridades públicas deixam de sancionar pesadas subvenções para a construção de luxuoso templo como futuro patrimônio estético da cidade ou, então, para edificarem seminários de sacerdotes ou de palácios episcopais.

Por conseguinte, não vos é difícil avaliar o que acontecia na Palestina no tempo de Jesus, quando o clero judaico possuía enorme influência sobre o povo e mesmo sobre a autoridade romana, abastecendo suas arcas mediante pesados impostos e tributos para manter a classe parasitária. Hoje, embora sem a mesma força de outrora e contando apenas com a capacidade de doutrinar e influir sobre os crentes para auferir a renda necessária, o clero católico canaliza para o Vaticano rendas tão fabulosas quando o fazia o Sinédrio, no tempo de Jesus. Não há dúvida de que muitos daqueles sacerdotes cúpidos, hebreus, hoje vivem reencarnados na figura de certos eclesiásticos a serviço do catolicismo romano.

PERGUNTA: — E qual o aspecto da Galileia no tempo do nascimento de Jesus?

RAMATÍS: — A Galileia ficava na região ao norte da Palestina; e no tempo de Jesus estendia-se desde o rio Jordão até o mar Morto. Era virtualmente uma nação independente, constituindo uma tetrarquia sob os Herodes. Também era habitada por diversas raças além dos judeus, tais como árabes, abissínios, gregos, fenícios, sírios, gente de Tiro, de Sidon, de Alexandria e alguns raros africanos. As características religiosas, os costumes e temperamentos tão contraditórios entre esses diversos tipos, tal qual já acontecia em toda a Palestina, também provocavam discórdias, rixas e discussões, próprias da avareza e avidez de lucros nas suas especulações e negociatas. Isso fazia da Galileia um mundículo bulhento, cúpido e inquieto, cujos desentendimentos nasciam das coisas mais fúteis e pelas razões mais tolas.

A frequência de rabis, que peregrinavam comumente pela Judeia e demais províncias da Palestina, em que alguns se obstinavam em interpretar a seu modo as leis e os preceitos do Torá, concorria ainda mais para acirrar os ânimos e agravar as opiniões tão contraditórias sobre a religião. O afluxo contínuo de especuladores, charlatães, mercadores, camelôs e gente sem trabalho, que procuravam fixar-se na Judeia, sempre favorável para os bons negócios e especulações religiosas, também aumentava, dia a dia, as rixas, as discórdias e as injúrias, criando as situações mais incômodas e desagradáveis para as autoridades locais.

Mas, acima desse espírito belicoso da diversidade de raças, os galileus eram hospedeiros, sinceros e bons, pois não guardavam ressentimento algum entre si. Nas suas contendas religiosas, embora ruidosas, jamais eles desciam à baixeza de espírito, ao fanatismo e às asperezas do caráter e das sedições religiosas tão comuns entre os fariseus e saduceus de Jerusalém. O Sinédrio zombava da devoção ingênua do povo da Galileia, ria-se de sua simplicidade e de sua incapacidade para afeiçoar-se às pompas, ao culto ostensivo e às cerimônias religiosas. As virtudes dos galileus, que tanto emolduraram o trabalho de Jesus na fase iniciática de sua pregação da "Boa Nova", eram consideradas peculiaridades próprias de um povo atrasado, tolo e incapaz.

No entanto, já Isaías profetizara no Velho Testamento que a Galileia dos gentios seria bafejada pela luz do Senhor, embora os pósteros depois glosassem o provérbio de que "não podia vir boa coisa e bom profeta da Galileia".

PERGUNTA: — E que podereis dizer-nos sobre a província de Nazaré, onde Jesus viveu quase toda sua existência?

RAMATÍS: — Nazaré, na época do advento de Jesus, era uma cidade pequena, com pouco mais de 2.000 habitantes, situada entre morros, numa encosta de montanhas que descia para o vale de Jezrael. As estradas que vinham de Séforis e outras partes, além da estrada principal das caravanas que cortava esse vale desde o mar Morto até Damasco, recortavam a província em todos os sentidos. O clima de Nazaré era acentuadamente saudável, embora bastante frio no inverno, descortinando ao viandante uma das mais belas paisagens de toda a Galileia e, quiçá, do resto do mundo. Os campos cultivados com cevada, trigo e aveia, que manchavam a pradaria de um verde-claro, cor de limão novo, cessavam junto à encosta dos montes Tabor e Gilbos, depois de formarem delicado tapete de vegetação recortado pelos fios de água cristalina dos regatos e dos rios. À distância, as colinas banhadas de luz solar limitavam o horizonte num tom azul, lilás e violeta, enfeitadas no cimo pelas coroas de neve do fim de inverno, completando a moldura do quadro vivo e fascinante da paisagem de Nazaré.

As encostas dos morros eram pontilhadas de atalhos e estradas que subiam do vale de Jezrael e serpenteavam entre os tufos de capim, de musgo e de flores silvestres, cintilando sob o orvalho da madrugada. Alguns caminhos convergiam para o coração da cidade de Nazaré, que se aninhava na concavidade das montanhas; outros seguiam rumos diferentes, em direção ao mar Morto ou Damasco, a Séforis ou Cafarnaum. Eles se abriam por entre a fartura de vinhedos e de oliveiras, que forneciam o vinho gostoso e o azeite mais suave da Galileia. As granjas multiplicavam-se pelas planícies, mas sempre rodeadas de bosques e ciprestes alternados com as figueiras pejadas de frutos de caldo doce e os limoeiros de cheiro penetrante. De vez em quando, por entre as árvores frutíferas pintalgavam as pequenas romãzeiras carregadas de romãs de bagos encarnados e sumarentos; ou então, pendiam das cerejeiras os cachos de cerejas carnudas e vermelhas.

Ao redor da cidade de Nazaré, formando caprichoso cinturão, esparramavam-se as casas de madeira de lei, construídas principalmente de cedro do Líbano que se misturavam às cabanas bem feitas e às palhoças de barro batido, cobertas com folhas de palmeiras. À margem das estradas principais, sempre povoadas de caravaneiros, rabis, mercadores, soldados, coletores e povos de todas as raças, os bons galileus haviam construído poços d'água e ranchos com forragem e feno frescos para os animais cansados. As hospedarias, embora remuneradas, eram acessíveis ao bolso de todos os viandantes, pois a qualquer hora os retardatários encontravam bom caldo de peixe, sopa suculenta de hortaliças com muito alho e cebola, carne assada, farinha cheirosa para o pirão de peixe seco ou salgado, pão de trigo ou de centeio, fresco e saboroso, além das travessas com a fartura de saladas de legumes regados com o melhor azeite do lugar. Sobre as mesas, a bilha de vinho exalava o odor da uva madura; à sobremesa, em geral, havia figos melosos e macios, pêssegos aveludados ou tâmaras de Jericó.

Os viajores também encontravam, junto à estrada, o seleiro para ajustar os arreios, o ferreiro para ferrar os animais, o carpinteiro que consertava as charruas e outras viaturas. Havia também pequenas indústrias e artesanatos, que vendiam pás, enxadas, ancinhos, cochos e mós para a moenda de trigo; ripas, sarrafos e tábuas para a construção; bilhas, odres, vasos e apetrechos de cerâmica, feitos com arte e gosto. Era fácil encontrar o tecelão, cuja família inteira o ajudava entre o pó dos teares, fazendo desde o pano simples para o lençol, o de ramagens para a túnica ou a veste, o tapete pequeno para a entrada, ou o toldo berrante para a cobertura de mercadorias ou de proteção contra o sol. Havia ainda chinelas recortadas de veludo, com florinhas de cetim, feitas para uso doméstico; outras eram de cordas, trançadas de cerda ou de couro, com sola de madeira muito própria para o serviço externo. Nas proximidades das cidades crescia o mercado de flores de papel e de cetim, de panos bordados com fios de Sidon. Havia ainda colares trazidos do Egito e da Etiópia, bolsas de veludo e de seda; tecido de púrpura, tachos e panelas de cobre das fundições de Tiro, onde os escravos se consumiam na tortura do trabalho impiedoso. Os óleos aromáticos, as ervas cheirosas, a mirra, o incenso e os filtros amorosos da Índia eram apregoados pelos camelôs bulhentos.

Assim era a província de Nazaré, com o seu cenário encantador e buliçoso, que depois serviria para hospedar o mais excelso dos hóspedes — Jesus, o Sublime Peregrino.

PERGUNTA: — E qual o aspecto da própria cidade de Nazaré, na época de Jesus? Apreciamos conhecer melhores informes sobre o lugar onde ele mais viveu.

RAMATÍS: — Somente as construções romanas apresentavam um estilo incomum e arrojado em toda a Palestina. As residências dos romanos mais prósperos ornamentavam-se com arabescos e miniaturas de capitéis. Servidas por janelas de vidros coloridos, degraus de mármore branco e preto, em geral possuíam colunas esguias, que assentavam nos assoalhos de mosaicos das mais variadas cores. Eram vivendas amplas e confortáveis, que se abriam para os jardins floridos, ornamentados por arbustos pequenos e decorativos, que ofereciam frutos parecidos com o vosso maracujá e a jabuticaba.

As casas de Nazaré, em sua maioria, eram de estilo primário, feitas de blocos semelhantes às que ainda hoje se encontram nos países habitados por judeus. Lembravam enormes caixões de giz branco, destituídas de qualquer ornamento. Em alguns casos raros, símbolos de Salomão emolduravam as portas e janelas, ou vasos de barro encimavam as fachadas. Os toldos berrantes protegiam a entrada do sol e pela porta sempre entreaberta, via-se a enxerga do descanso noturno ou a indefectível esteira enrolada, junto à parede, à espera do hóspede retardatário.

Aliás, o clima ameno e estável da Galileia dispensava a necessidade de se construir casas complicadas ou dispor-se de recursos protetores mais adequados às regiões tristes e chuvosas. Em Nazaré havia um sossego perpétuo e próprio de uma natureza encantadora e favorável à colheita, à floração primaveril e à própria vida humana. As tardes ensolaradas, sob o bafejo da aragem fragrante que subia das encostas pejadas de frutos perfumados, eram um doce convite ao descanso eufórico e à contemplatividade, virtudes que Jesus sempre revelou na sua peregrinação messiânica. O sol festivo, a paisagem formosa e o vento perfumado, cheio de afagos e blandícias, predispunham as criaturas para um desprendimento espiritual. Sob tal sugestão poética, os bons sentimentos emergiam da alma, fazendo as criaturas esquecerem-se das mágoas cotidianas e das vicissitudes comuns.

Nazaré, como um pedaço do céu entrevisto pela ponta levantada de uma cortina sideral, não acicatava a ira, a decepção, a avidez, o egoísmo e a vaidade dos homens; deixava-os satisfeitos e serenos, ante essa dádiva tão generosa da Natureza. Era uma sugestão edênica incessante, que despertava nos galileus o espírito de hospedagem, a afabilidade, a franqueza, a sinceridade, o serviço fraterno e o interesse para atender às dores e às preocupações do próximo.

O céu claríssimo, com reflexos esmeraldinos sobre o azul celeste banhado pelo sol rutilante, manchava de róseo-lilás e ouro luzente a crista dos montes rendilhados de neve. Nazaré, sob essa fartura de luz e cores, parecia encantadora pomba pousada entre a vegetação e as flores fascinantes, cujo ninho era formado pela concavidade das montanhas serenas da Galileia. No fundo dos quintais das residências judaicas, as palmeiras agitavam os ramos verdes, fazendo acenos de amizade aos viandantes recém-chegados. As palmeiras eram as árvores que faziam parte integrante da vida dos judeus, sob cuja sombra eles consumiam a maior parte de sua existência. Ali trabalhavam, bordavam, estudavam e faziam suas refeições, inclusive suas orações em dias de festas e de graças.

Os judeus mais prósperos tinham bom gosto; apreciavam os jardins bem cultivados e faziam disso um motivo de espairecimento espiritual. Em geral, os caminhos ajardinados abriam-se entre os canteiros de papoulas sanguíneas, semelhantes a braseiros de fogo vivo. Em seguida, vinham os tabuleiros de flores de todas as espécies. Havia narcisos, jacintos azuis, íris roxos, cravos brancos, róseos e vermelhos. As rosas, de todas as cores e formas, desabrochavam majestosas, vivendo muito tempo sob um clima tão generoso. As trepadeiras, em cordões floridos, subiam pelos muros e delas pendiam minúsculas campânulas de cor lilás, safirina e de um branco níveo e veludoso, todo tarjado de azul-violáceo ou, então, balouçavam cachos de flores semelhantes a brincos cor de rubi, delicados sinos miúdos, botões opalinos ou florinhas brancas como chávenas de chá, que se agitavam sob a brisa refrescante, e espargiam o seu pólen dourado. Nazaré era um verdadeiro festival de cores, emoldurando o casario branco, tecendo mantilhas rendilhadas sobre o fundo verde dos arbustos.

Já dissemos que os moradores de Nazaré não se preocupavam com os enfeites artificiais e ornamentações exteriores nas casas e ruas. No entanto, isso não era propriamente fruto de um descaso ou mau gosto, mas a culpa se devia à própria paisagem local, cuja beleza natural substituía qualquer empreendimento humano. Os galileus, enfim, desistiam de competir com essa natureza tão esplêndida e formosa, certos de que não poderiam retratar, pelos enfeites rígidos da pedra impassível, o encanto do cenário embebido de luz, a cor misteriosa das papoulas, dos cravos, jacintos, narcisos e a brancura imaculada dos lírios, nem o odor fragrante dos pessegueiros, das cerejeiras, dos limoeiros em flor. Jamais algum homem poderia copiar o azul-violeta das colinas, o verde macio e doce das planícies e a fascinante serpente prateada do Jordão bordejando tranquilo entre musgos e arbustos.

A poesia atingia ali o seu mais alto nível de estesia espiritual. As planícies que se estendiam depois da cidade beirando as encostas dos morros, animavam-se com o mover das ovelhas pontilhando de manchas brancas o tapete verdejante. As lavadeiras fazlam bulício às margens dos regatos cristalinos e das fontes adormecidas sob as árvores; a rouparia colorida dançava nos arames lembrando cortejos multicores. O riso cristalino das crianças rolando, encosta abaixo, entre divertidos brinquedos com os cabritos saltitantes, misturava-se ao cântico dos jovens colhendo o mel ou moendo a uva. Mesmo o cinturão de pó cor de tijolo das estradas, parecia um colchão macio onde os burricos metiam os cascos. As abelhas e borboletas voavam em enxames rutilantes sobre o fogaréu das papoulas vermelhas. Bandos de pássaros de todos os tipos faziam revoadas rasteiras sobre os cinturões de margaridas que emergiam à beira dos lagos e das fontes de água, onde os animais se dessedentavam. À sombra das árvores copadas, os animais de pequeno porte descansavam num repouso feliz e os frutos miúdos, como as amoras roxas e vermelhas, caíam-lhes no dorso, dando ensejo a que algum pássaro mais ousado viesse buscá-los, quebrando-lhes a sonolência.

Do alto dos montes de toda a Galileia, o viandante sentia-se comovido em face do cenário espetacular que se descortinava até as fímbrias do horizonte. O céu derramava suas luzes sobre as estradas, lagos, rios, casas, choupanas e bosques, onde a gente, as aves, as crianças, os animais e os insetos se moviam em todas as direções, num pacto amigo, jubiloso, de alegria buliçosa e contagiante.

José, o carpinteiro, e seu filho Jesus

PERGUNTA: — Qual foi a influência exata de José sobre Jesus e a convivência entre ambos?

RAMATÍS: — Jesus, como já dissemos, herdara o porte de José e a beleza de Maria. Quando ele se quedava pensativo, numa atitude grave ou para tomar qualquer decisão importante, ainda mais se acentuava, no seu perfil heráldico, o aspecto grave de seu pai. José era um homem serviçal, reservado e conhecido pela sua retidão, firmeza de caráter e ação moral, além de excessivamente cauteloso nas coisas mais simples. Muito atencioso para com a família, embora severo, jamais aceitava qualquer compromisso profissional, caso ainda tivesse alguma dúvida em poder cumpri-lo. Enérgico, sóbrio, religioso, mas sem o excitamento fanático ou exagero místico, manifestava profundo respeito para com os preceitos e regras sagradas do Torá. Era também um terapeuta externo da coletividade dos Essênios, pois atendia os necessitados através de um curandeirismo à base de passes fluídicos e irradiações magnéticas, trabalho desprovido de qualquer interesse mercenário que foi objeto da atenção de Jesus.

Essas virtudes impeliam-no fortemente para as realizações práticas e influíram bastante na educação de Jesus, evitando-lhe os impulsos prematuros de libertação espiritual, antes dele atingir o momento psicológico da sua tarefa messiânica. O ideal sublime que dominou toda a vida de Jesus em favor do próximo, o seu desejo ardente de transformar todas as sombras da Terra em clareiras de luz e todos os infelizes em cidadãos venturosos, graças ao bom-senso e à prudência de José, foi sofreado no seu excesso místico, evitando uma atividade espiritual prematura. Embora se tratasse de um anjo, cujas emoções e energias criadoras eram oferendas em favor da felicidade humana, era preciso contê-las prudentemente durante a mocidade, pois o programa messiânico fora cronometrado para se desenvolver durante a maturidade de Jesus.

José ajudou-o a desenvolver suas forças espirituais para saber imunizar-se contra as manhas do mundo material. Nas reflexões e respostas sensatas que Jesus, mais tarde, deu aos fariseus em suas indagações capciosas e malévolas, como no caso da mulher adúltera e da moeda de César, o Mestre devia algo de sua acuidade à prudência do pai, que desde a infância o alertara quanto à malícia dos homens cínicos e mal-intencionados. A influência ancestral biológica e a contemporização psíquica de José protegeram a obra de Jesus desde o seu início, quer cerceando-lhe os voos prematuros do espírito antes da época messiânica, quer ajustando-o, pouco a pouco, no cipoal das contradições próprias do mundo terreno.

Mais tarde, o próprio Jesus percebeu que lhe fora de vital importância o frenamento de suas exaltações místicas, graças às ponderações e aos esclarecimentos sensatos de seu pai. José não opôs qualquer obstáculo ao ministério messiânico de seu filho, nem mesmo ao ideal de qualquer outro filho, embora fosse algo despótico no tocante à disciplina e à moral da família. Em seus últimos dias, graças à incessante inspiração do Alto, ele chegou a compreender que Jesus era realmente criatura de estirpe superior e que ninguém jamais poderia desviá-lo do rumo heroico e redentor. Apercebeu-se, enfim, de que o filho era um jovem diferente dos demais moços de sua época. As excentricidades e a rebeldia de Jesus em sua infância passaram a ser compreendidas como a manifestação singular de um temperamento indomável e severo, porém terno e tolerante na mocidade.

José não era espírito bronco e insensível à verdadeira natureza de seu filho Jesus, pois sondou-lhe todos os desígnios e procurou conhecer-lhe o ideal sublime que o movia no mundo, estritamente em favor da ventura espiritual dos homens. Assim, fez-se mais íntimo do filho e tornou-se seu confidente fiel, afeiçoando-se, cada vez mais, aos seus propósitos de redimir a humanidade e oferecer a própria vida na consecução de tal evento.

José também amava o próximo e sentir-se-ia feliz em servir o Senhor em qualquer empreitada espiritual. No entanto, sob a força emotiva do amor paterno, ele sofria ao verificar que Jesus, um prolongamento do seu sangue e de sua carne, era um moço que abandonava tudo no mundo, inclusive a composição de um lar afetivo e justo a que tinha direito todo o ser humano. Tantas criaturas haviam beneficiado o mundo e não se isolaram da família e dos preceitos da vida em comum.

Inúmeras vezes, José via Jesus silencioso e meditativo, recostado nos moirões da cerca ou apoiado sobre as vigas de madeira da carpintaria. Porém, o suor que se notava em seu rosto, a respiração opressa e o seu olhar febril, traíam os pensamentos inusitados que lhe ardiam na mente. E quando ele cerrava os olhos em atitude de profunda meditação, seu corpo estremecia por efeito de uma angústia íntima, num movimento aflitivo, semelhante ao da ave que está impedida de subir às alturas no seu voo sem limites.

PERGUNTA: — Ser-vos-á possível dar-nos minúcias de algum diálogo mais íntimo entre José e Jesus?

RAMATÍS: — Todos os acontecimentos ocorridos com o Mestre Jesus, desde o seu nascimento até a sua crucificação, ficaram vivamente gravados no éter que impregna o Universo ou "akasha", como é mais conhecido pelos orientais, no qual se gravam todos os fenômenos do mundo material, graças a um processo de auscultação psicométrica, que ainda escapa à vossa compreensão atual. Portanto, é possível captarmos aqui, no Espaço, as reminiscências e minúcias de todos os acontecimentos já ocorridos na Terra, desde a sua criação até o momento em que ditamos estas mensagens. Assim utilizaremos esse processo sideral para nos sintonizarmos com a frequência vibratória da faixa psíquica da vida de Jesus e de José, focalizando-os na Judeia, há dois mil anos.

José, no final de sua existência devido à sua avançada sensibilidade espiritual, apercebeu-se de que Jesus era realmente um ser superior e que ele, como pai, também era parte na obra messiânica do seu filho. Aliás, o Alto desejava que ele pressentisse a tarefa de Jesus antes de partir do mundo terráqueo. Certa vez, José sentiu-se confrangido ante aquela aflição incontida que se manifestava, amiúde, em Jesus, pois desconhecia que se tratava de uma ansiedade espiritual incomum e não de qualquer desajuste psíquico. Então, achegou-se a ele e indagou afetuosamente.

— Jesus! Qual é o motivo de tua aflição e desse sofrer constante?

Seu filho demorou-se em responder; porém, seus olhos, doces e serenos, traíam profunda concentração espiritual. Em seguida, exclamou, sem qualquer mágoa ou queixume:

— Tu não podes compreender a minha aflição, porque eu vivo a vontade de meu Pai que está nos céus e só Ele sabe o motivo de minhas preocupações!

Num gesto de ansiedade acrescentou:

— Mas ainda não descobri para onde o Pai me guia os passos! — E num sorriso algo triste, mas resignado, aduziu: — Sofro muito pela espera!...

José mantinha-se silencioso, indeciso, pois receava magoar Jesus.

— Mas, que alimentas em tua alma, que te faz tão diferente dos demais jovens? — indagou corajosamente.

— Nenhuma flor, nem o ouro, nem o calor da paixão humana aceleram o meu coração ou encantam minha alma! — redarguiu Jesus, num gesto eloquente, mas absorto num mundo irreal. E num longo suspiro, entrecerrando os olhos, desabafou com certa veemência:

— Vivo somente o anseio de clarear o caminho dessa pobre humanidade, que está mergulhada num charco de misérias que são a sua própria infelicidade.

— Mas que pode fazer um homem como tu, para transformar os sentimentos dos outros homens e modificar os costumes da humanidade? — insistiu José, inconformado.

Então Jesus foi dominado por algo estranho, sua voz vibrava altiloquente, como se viesse realmente de um ser invisível, porém mais real do que o próprio mundo das formas.

— Que importância é viver, se, para contentar os desejos insaciáveis do meu corpo, preciso esmagar os anseios da minha alma? Que sentido tem a vida, quando consumida entre os prazeres medíocres e transitórios da carne na implacável caminhada para o túmulo?

José estremeceu, um tanto confuso.

— Meu filho! Essa é a razão da vida humana e deve ser da

vontade do próprio Jeová que ela assim seja! — observou-lhe, convincente.

Jesus fitou o pai. Apesar da gravidade espiritual de sua fisionomia, ele não escondeu um sorriso meigo:

— Pai! O boi, o carneiro, o cabrito e o camelo não vivem também a vontade de Jeová? Mas nós raciocinamos, não é assim? — E acrescentou:

— Que fazem o boi, o carneiro, o cabrito e o camelo? Apenas dormem, digerem, procriam, atendendo às suas necessidades físicas! O seu mundo é produto dos instintos que os impelem para a satisfação da sua vida animal. — E pousando, de leve, a mão na testa de José e, em seguida, na sua própria fonte, acrescentou, gravemente: — Tu pensas; eu penso. Existimos além de nossos sentidos físicos. Muito além dos fenômenos transitórios do corpo. Em nossos próprios ombros, Jeová colocou o arbítrio de optarmos pelos ideais superiores da alma ou nos escravizarmos aos tesouros, aos bens que as traças comem, a ferrugem rói e os ladrões roubam. Entendes, pai?

José parecia fatigado ao acompanhar Jesus nos seus altos voos filosóficos. No entanto, era um espírito envelhecido e experimentado no curso doloroso e educativo das vidas planetárias. Por isso, se não o entendia na consciência física, sentia-o no âmago da sua alma, pois a verdade inconfundível que fluía das palavras eloquentes de seu filho era um fogo perene que lembrava as chamas do sacrifício religioso e possuía vibrações de alta inspiração. Algo de misterioso havia sido ateado em sua própria alma. Estranha suavidade envolveu-o num instante e parecia ouvir melodias desconhecidas sob um halo de diáfano perfume. Sua mente ficara vitalizada por uma energia deslumbrante e que lhe dava uma percepção mais ampla da vida e das coisas. O coração ficara confortado e doce brisa balsamiza-lhe a alma. Porém, pouco a pouco delineou-se o cenário triste do mundo de formas pesadas e obscuras. Então, à sua frente, descortinou a figura de seu filho Jesus; mas, de súbito, estranha emoção invadiu-lhe o coração e sua alma entreviu, na memória espiritual, o quadro do Calvário, embora sem poder defini-lo em sua consciência física. Foi o terrível pressentimento, a lembrança estigmatizada de antes de encarnar-se na matéria e que agora assumia o vulto de uma tremenda possibilidade. Pesaroso e aflito, exclamou:

— Temo por ti, meu filho!

Jesus sorriu como se o tivesse compreendido em toda sua dor e presságio, mas era um sorriso ascético, sublime e heroico, que encorajava, pois tinha um halo de beleza impressionante.

— Jamais alguém se perde no seio de meu Pai, que está nos céus! — replicou ele, apontando suavemente para o Alto. — Quem der sua vida pelo amor de Jeová, ganhá-la-á para toda a eternidade!...

E num aceno afetuoso, como a tranquilizar José, concluiu:

— Eu não me pertenço; mas é a vontade de meu Pai que age em mim e me guia! Quem me deu a vida tira-la-á assim que lhe aprouver.

Silenciosamente, encaminhou-se para a porta e voltando-se num último gesto afável e cortês, exclamou num tom grave, emoldurado por um sorriso angélico:

— Que se cumpra em mim a vontade de meu Pai!

José achegou-se à janela de sua modesta habitação e seguiu com os olhos úmidos o vulto majestoso de Jesus, caminhando lentamente entre os narcisos, íris e anêmonas, que marginavam o caminho da fonte. O silêncio da tarde que se findava e a pureza da atmosfera faziam vibrar os leves estalidos de suas sandálias sobre a areia miúda, que refulgia sob os derradeiros raios do sol deitando-se no poente. O jovem Jesus caminhava sobre a terra, mas a sua alma mergulhava no Infinito. A natureza, em torno dele, silenciosa e quieta, parecia auscultar os seus pensamentos grandiosos ou as aflições crepitantes que lhe ardiam no coração. Ele subiu num pequeno outeiro, encimado por uma cúpula de pedras e sentou-se ali, entre os tufos esverdeados, pontilhados de florinhas silvestres. Espraiou seu olhar sublime sobre a planície verdejante, os bosques, os caminhos dos pastores e a estrada que margeava o Jordão e depois rodeava o monte Tabor, onde mais tarde ele teria avançada visão mediúnica do mundo espiritual. Ao longe, o mar da Galileia brilhava, ondeando lantejoulas faiscantes, que se fragmentavam ante os reflexos do sol. Os pescadores preparavam as redes para a madrugada e as barcas manchavam a superfície da água com tons coloridos, desde o índigo até o amarelo-claro. A brisa cariciosa que descia das encostas de Nazaré movia, de leve, os barcos miúdos e também agitava os cabelos sedosos de Jesus.

Jesus cruzou as mãos sobre o peito e cerrou os olhos. Um longo suspiro de infinita saudade fluiu de seu coração. O silêncio da tarde munificente de cores, perfume e poesia, o céu tarjado de luz crepuscular descendo sobre a cabeleira verdejante dos ciprestes e dos cedros esguios, acendia matizes de púrpura, ouro e rosa no formoso cenário da Galileia beijada pelo sol da tarde. Lembrava talvez a paisagem sonhada por Jesus. Era a moldura atraente e sugestiva amostra do Paraíso, fazendo brotar de sua alma a ternura, o amor e a paz de espírito.

Então, o Divino Amigo da humanidade se deixou deslizar, de leve, os joelhos em terra. E recostado no suave outeiro de pedras e flores, de mãos postas, em atitude de prece, ergueu os olhos para o alto e sua alma entreabriu-se para o Senhor, num angustioso apelo, onde a volúpia do sacrifício confundia-se com o mais puro e exaltado amor pelo gênero humano.

— Pai! Que a vossa vontade se cumpra em mim até a última gota do meu sangue!

Era o primeiro vislumbre consciente do seu holocausto no Calvário; intuição viva do motivo principal de sua vida na matéria e que o arcanjo Gabriel, seu guia, aproveitou naquele momento tão extasiante e de sintonia espiritual para sussurrar-lhe a proximidade dos passos messiânicos. Daquele instante para a frente, definira-se um propósito e se projetara o ideal que trazia do berço e lhe consumia a vida física. A "agulha" do seu coração apontava para o Norte do Calvário e já não guardava dúvida de que sua obra exigiria o sacrifício de sua vida em troca da salvação do homem.

No dia seguinte, quando ele desceu a encosta até às margens do Tiberíades, Pedro aceitou-lhe o convite e largou as redes de pesca para segui-lo. Eram realmente os primeiros passos da sua Paixão, no cumprimento da vontade do Senhor.

PERGUNTA: — Em face do seu elevado quilate angélico, Jesus não poderia ter prescindido de qualquer sugestão alheia quanto à sua obra, inclusive de seu pai José? Quer-nos parecer que ele sempre modelou os pensamentos e palavras mediante reflexões pessoais. Estamos certos?

RAMATÍS: — A Técnica Sideral protegeu o equipamento carnal de Jesus tanto pela sua ascendência biológica, sadia, como pela cooperação e presença de José, pois até as espécies florais mais delicadas requerem maiores cuidados do jardineiro, a fim de não sofrerem afluxo demasiado da seiva agressiva do caule. José, espírito austero, digno e de sentimentos elevados, graças à sua condição de pai carnal, protegeu e influenciou Jesus, sensatamente, desde sua infância e nos primeiros anos de sua juventude. Mais tarde, o próprio Jesus demonstrou a acuidade e a cautela hauridas de seu pai no intercâmbio entre os dois mundos, quando advertiu aos seus discípulos: "Sede mansos como as pombas, porém prudentes como as serpentes!"

Embora o corolário da obra de Jesus previsse o seu sacrifício na cruz, o Alto precisou protegê-lo cuidadosamente para que não houvesse qualquer truncamento na sua missão heroica, em favor da humanidade.

Eis por que o seu corpo carnal devia ser fruto de uma estirpe ancestral selecionada e sadia, assim como o artista sensível e genial necessita de um instrumento superior para executar com perfeição as encantadoras melodias. Seu organismo funcionava sob o mais saudável equilíbrio "psicofísico". As suas angústias, inquietações ou fugas súbitas, que tanto inquietavam Maria e José, eram fruto de uma tensão orgânica que exigia esforços heroicos para o seu corpo acomodar-se ante o fabuloso potencial angélico, que lhe atuava nas mais recônditas órbitas eletrônicas das células e nos interstícios da rede nervosa.

PERGUNTA: — Podeis explicar-nos por que a graduação espiritual de Jesus, sendo tão elevada, exigia que o seu Espírito atuasse por intermédio de um organismo de alta seleção biológica?

RAMATÍS: — Um corpo cego, mudo ou deformado é um instrumento ineficaz para servir mesmo a um anjo descido dos céus, como foi Jesus. Sem dúvida, existem criaturas heroicas e de boa têmpera espiritual, que logram superar os seus defeitos físicos ou deficiências do meio onde se encarnam e que realizam coisas que espantam e desafiam os mais sadios.[21]

[21] Nota do Médium: — Beethoven compôs a "Nona Sinfonia" depois de surdo;

Mas Jesus se encarnara para cumprir um trabalho de profundidade e de amplitude coletiva, em que a saúde e perfeita resistência orgânica eram fundamentais para o cabal desempenho da tarefa que exigia uma atividade dinâmica, sem o menor desfalecimento. Além disso, não se tratava de espírito em processo de resgate cármico. Por conseguinte, é óbvio que o seu corpo teria de ser um instrumento de ascendência biológica excepcional.

Aliás, o corpo humano é constituído por aglomerados de seres microscópicos, que lhe formam os tecidos vivos da carne, os quais, no entanto, obedecem a certo esquema biológico que também está entrosado no padrão psíquico das espécies ancestrais. O fato de Jesus ser um anjo, nem por isso prescindiu de o Alto determinar providências seletivas e protetoras para lhe proporcionar um corpo bastante sadio e sensível destinado ao êxito de sua missão redentora. Era-lhe de suma importância o equilíbrio integral do sistema neurocerebral. Ele precisava de um instrumento carnal perfeito, a fim de transmitir a divina melodia evangélica para os terrícolas, assim como Paganini jamais comoveria os seus ouvintes se executasse suas famosas composições musicais num violino feito de papelão e com cordas de barbante.

Daí, pois, a escolha de José, da linhagem de Davi, para ser o pai do Messias, porquanto era um dos rebentos mais sadios, herdeiro de uma ancestralidade sem mancha e sem truncamentos biológicos. Além disso, a sua influência espiritual, como dissemos, serviu de frenamento à empreitada prematura de Jesus na composição da mais sublime doutrina de relação entre a criatura e o seu Criador — o cristianismo.

Milton, autor de *O Paraíso Perdido*, era cego; e Dostoievski, epiléptico. Inúmeras criaturas sem braços pintam, bordam e são hábeis musicistas, servindo-se apenas dos pés. Sem dúvida, o exemplo mais surpreendente de alma que superou todos os óbices da matéria e impôs sua força espiritual criadora sobre o corpo físico ainda é Helen Keller, que ficou surda, muda e cega aos dois anos de idade, mas depois aprendeu a falar, diplomou-se com distinção no Cambridge e Radcliffe College, sabendo escrever a máquina. É autora de alguns livros, destacando-se *História de Minha Vida*, autobiografia.

A ORIGEM OCULTA DAS DOENÇAS

Ramatís / Hercílio Maes

120 páginas – ISBN 978-65-5727-020-2

Por trás dos quadros das moléstias que assolam a humanidade, permanece um elo comum que só pode ser entendido quando se integra ao ser humano adoecido o componente invisível originário de seu corpo físico: o espírito imortal, que pensa e sente – e, nesse processo, utiliza e condensa energias indestrutíveis que irão construir a saúde e a enfermidade de seus corpos.

Os veículos milenarmente conhecidos como corpo mental e corpo astral são os níveis de energia onde é preciso buscar a razão para a doença vir "de dentro para fora e de cima para baixo", como sibilinamente postulou Samuel Hahnemann, o genial mentor da Homeopatia.

Este livro é um excerto temático retirado da obra *Fisiologia da Alma*, ditado por Ramatís ao médium Hercílio Maes. Nele, Ramatís desvenda o mecanismo oculto que desencadeia, a partir dos corpos sutis do ser humano, as enfermidades do corpo físico. A origem e causa das moléstias, detida pelo conhecimento iniciático milenar, é transposta em linguagem acessível, com a peculiar profundidade e clareza, que nada deixam por explicar, dos textos de Ramatís.

Esse mecanismo oculto e automático da física transcendental, que preside aos processos orgânicos, é a chave para a compreensão definitiva do binômio saúde-enfermidade, e irá pautar os novos horizontes da Medicina do terceiro milênio, assim que as dimensões suprafísicas passarem a integrar o seu campo de pesquisa.

Integram este texto os capítulos que tratam da etiologia oculta, raízes cármicas, tratamento e cura do câncer, analisados desde sua verdadeira origem no "mundo oculto" das causas.

O OBJETIVO CÓSMICO DA UMBANDA

Ramatís / Hercílio Maes

90 páginas – ISBN 978-65-5727-076-9

Não há separação nem competição entre os espíritos benfeitores responsáveis pela espiritualização da humanidade. As polêmicas, os conflitos doutrinários, tão comuns entre encarnados, não passam de verdadeira insensatez e ilusão, uma vez que os mentores espirituais não se preocupam com a ascendência de uma seita sobre a outra, pois na verdade lhes interessa desenvolver no homem o Amor que salva e o Bem que edifica. Portanto, as lições que recebe continuamente, acima do seu grau espiritual, significam a "nova posição evolutiva" que ele deverá assumir depois, quando terminar sua experiência religiosa em curso. Estas palavras de RAMATÍS estão contidas num capítulo inteiro sobre a Umbanda, psicografado por Hercílio Maes há anos, mas totalmente atual, porque procuram despertar os líderes umbandistas para a necessidade de pesquisar sinceramente as "linhas mestras" da Umbanda, liberando-os do personalismo, da excentricidade, dos paramentos exóticos e caricatos, das práticas fetichistas e africanistas, para ir ao encontro do programa verdadeiramente esquematizado no Espaço, a fim de que ela possa vir a ser expressa e compreendida na sua elevada significação cósmica.

Este livreto é muito oportuno porque traz de volta, para lembrança e análise do leitor, informações claras e objetivas, bem ao estilo de RAMATÍS, a respeito da Umbanda como mediunismo de terreiro e sua ritualística, na qual cada "pai de santo" dita regras próprias e as dissemina como se fossem conceitos doutrinários autênticos. Exatamente porque isso ainda acontece hoje, é necessário relembrar a origem transcendental da Umbanda, seu significado original e o objetivo maior traçado pelo Alto, que é unir a humanidade pelos laços da convivência fraterna e do amor incondicional, distante de doutrinas exclusivistas que ressaltam o ego e das divergências ritualísticas, que aliás deixarão de existir no futuro.

GEOGRAFIA DO MUNDO ASTRAL

Ramatís / Hercílio Maes

170 páginas – ISBN 978-65-5727-009-7

No vasto cenário desse plano onde seremos levados a habitar depois do limiar do túmulo, existem ângulos inumeráveis que ainda não foram descritos na literatura mediúnica. Na sua extensa geografia, assim como no plano material, há comunidades, formas de viver, estruturas coletivas, ambientes e formas vivas esperando virem a ser notícia no mundo da matéria.

Atanagildo, discípulo de Ramatís – e com a permanente inspiração deste –, ditou ao sensitivo Hercílio Maes detalhados aspectos do panorama astral, incluindo variados tipos de comunidades, com seus costumes – alguns antiquados –, o processo de fundação de colônias astrais, raças e nacionalismos nessas colônias, e migrações entre elas. Ilustrando o processo criador das mentes do Astral superior, relata a atuação de espíritos angelicais produzindo, em instantes, uma forma de singular beleza cromoterápica num chafariz de sua comunidade.

Depois estende o olhar sobre as regiões do Astral inferior, com suas cidades, habitantes e edificações, e as organizações integradas por espíritos das sombras. E então, num tema de absoluto ineditismo, até hoje, na literatura mediúnica, descreve em minúcias aves e animais que habitam os cenários sombrios do Astral mais denso! E oferece arejadas elucidações sobre o diabo e a sede do seu reinado... Tudo para familiarizar os espíritos desejosos de informações com essa geografia ainda pouco devassada à qual iremos todos, com maior ou menor prazo, pertencer um dia.

O HOMEM ASTRAL E MENTAL

Ramatís / Hercílio Maes

124 páginas – ISBN 978-65-5727-063-9

Hoje é de conhecimento geral que o "períspirito" kardequiano inclui, além do duplo-etérico humano, dois veículos distintos: os corpos astral e mental. Corpos autônomos e que correspondem ao que podemos designar como o homem que sente e o homem que pensa.

Esta compilação de textos de Ramatís e Atanagildo, de diversas obras, decompõe a intimidade desses dois corpos, detalhando faculdades, poderes e funcionamento de um e outro, com o diferencial de nos trazerem o olhar e a experiência de habitantes do Invisível.

Atanagildo, na condição de espírito desencarnado, compartilha suas sensações e vivências com o corpo astral, seus órgãos, o extraordinário novo sentido da vista astral, a faculdade de volitação e os recursos utilizados no mundo astral para tratar os corpos dos recém-chegados, e narra suas experiências de treinamento para tornar-se um "espírito criador" no Invisível. Ressalta de sua narração o imperativo de desenvolvimento dos poderes mentais ainda enquanto estivermos no corpo físico.

Ramatís, como sempre facultando-nos o conhecimento de aspectos ocultos da vida e do ser, desvenda alguns mecanismos singulares que operam nos corpos astral e mental, pela ação do pensamento e das emoções, alterando as formas astrais e refletindo-se no físico. Examina os diversos níveis da mente, e as produções do corpo mental conhecidas por ondas mentais e formas de pensamento, traduzindo a expressão das diversas cores que são produzidas nos corpos internos pela ação humana de pensar e sentir. Complementa-se sua exposição com o extraordinário capítulo intitulado "Enfeitiçamento mental", em que expõe com clareza a produção e os efeitos da ação nefasta do pensamento orientado pelo sentimento inferior.

São mensagens de extrema oportunidade e vitais para a Era do Mentalismo que se aproxima.

A MISSÃO DO ESPERANTO

Ramatís / Hercílio Maes

102 páginas – ISBN 978-85-7618-438-6

O Esperanto é uma obra-prima de lógica e simplicidade, significando um evento de tanta importância na esfera linguística quanto o foi a descoberta da energia atômica na esfera científica. A sua reduzida gramática, isenta das regras que tanto fatigam a mente do estudante, torna o Esperanto um primor de racionalidade e um monumento de habilidade e inteligência, que se engrandece ainda mais com sua ortografia fonética e sua sintaxe de uma simplicidade surpreendente. Ele tem tudo que é necessário para se ajustar aos imperativos do século dinâmico em que viveis, onde tudo é feito às carreiras e o tempo é parcimonioso para o entendimento humano, motivo por que os pensamentos precisam ser resumidos em poucos vocábulos.

Não é apenas um idioma compilado inteligentemente por um homem genial, mas sim uma síntese resultante do progresso milenário da linguagem humana até os vossos dias.

O Esperanto é a cúpula genial de um grandioso edifício linguístico, de entendimento entre toda a humanidade, uma sublime esperança de completo entendimento entre os homens.

Ramatís

MARTE: O FUTURO DA TERRA

Ramatís / Hercílio Maes

176 páginas – ISBN 978-65-5727-015-8

O planeta Marte não é apenas nosso vizinho próximo do Sistema: na escala sideral dos mundos é, no dizer de Ramatís, "o degrau superior ao da Terra, ao qual, por lei ascensional, tereis que chegar; é conveniente que vos prepareis, desde já, para esse desiderato infalível".

Se esse é nosso modelo futuro de civilização, urge conhecê-lo e nos direcionar para ele. Não por acaso foi *A Vida no Planeta Marte e os Discos Voadores* a primeira obra ditada por Ramatís, em 1949, ao sensitivo Hercílio Maes. Ali estão, com profusão de detalhes, todas as facetas da civilização marciana, nos sinalizando um roteiro.

Neste volume, o objetivo é oferecer um perfil focalizado do modelo marciano, com a constituição da sociedade, o governo, a estrutura social e econômica, que são o eixo basilar desse mundo feliz, a par de aspectos como a família, a educação, a religião e outros que nos permitam antever como poderemos construir e desfrutar de um mundo mais justo, harmonioso e apto a ingressar na comunidade dos planetas regenerados do Universo. Um pequeno manual da sociedade futura que nos cabe preparar-nos para construir, na sequência desta, que está vivendo suas últimas etapas. É urgente contarmos com um projeto, um ideal possível.

É a proposta deste pequeno manual.

O ALÉM: UM GUIA DE VIAGEM

Ramatís / Hercílio Maes

170 páginas – ISBN 978-65-5727-051-6

Se a Grande Viagem é inevitável, e faz parte do multimilenar processo de ir-e-vir pelo qual todos periodicamente transitamos, nada melhor do que viajarmos informados sobre os detalhes do embarque e da chegada, e de como é possível preparar uma estadia melhor nos alojamentos do Grande Além para onde um dia seremos transferidos.

Ramatís traz, nesta obra, o depoimento de um viajante de origem próxima a nós, um discípulo dele desencarnado no Brasil no século XX – Atanagildo –, cujo relato de vida, embarque e desembarque no plano astral compõem um guia de singular interesse e utilidade para nós, futuros passageiros da mesma rota.

Além do processo do desencarne e de inúmeros aspectos do plano astral, Atanagildo descreve em minúcias a comunidade astralina do Grande Coração, onde se situa, e nos previne sobre os aspectos críticos da desencarnação e da eutanásia, essa tentativa perigosa de *furar a fila* da própria programação cármica e embarcar antes da hora.

Há mais de 60 anos uma das obras mais procuradas de Ramatís, *A Vida além da Sepultura* se oferece agora neste volume temático com os textos originais, enfocando especificamente a grande viagem e o território do Além que nos aguardam – um guia prático para os viajantes que seremos todos, um dia, no retorno feliz ao verdadeiro destino do espírito.

O APOCALIPSE: OS TEMPOS SÃO CHEGADOS

Ramatís / Hercílio Maes

164 páginas – ISBN 978-65-5727-031-8

O projeto dos Poderes Maiores para a Terra incluiu, desde sempre, a seleção de almas e a consequente promoção do planeta, num processo que já se desencadeou no mundo oculto desde 1950, conhecido como Transição Planetária.

Profetas do Velho Testamento, João Evangelista com o Apocalipse, Nostradamus, Edgar Cayce e outros videntes – mas sobretudo o próprio Jesus –, já delinearam os eventos dramáticos necessários à transformação.

Somente Ramatís, porém, em sua obra vanguardista, explicou em detalhes todos os eventos velados nos textos proféticos, e o simbolismo das imagens do Apocalipse que vêm intrigando a humanidade. Como podemos saber se "os tempos são chegados"; o que significa realmente a imagem da Besta; o que é, e qual a finalidade do astro intruso, já apontado por Nostradamus; como o eixo terrestre vai se verticalizar; em que consiste e como vai se processar a seleção dos terrícolas; como se constituirá a nova civilização do terceiro milênio. Com sua peculiar clareza e profundidade, Mestre Ramatís nada deixa por explicar, e ainda previu em seu texto, pouco antes de 1950 e quando ninguém cogitava disso, eventos como o aquecimento global e o degelo dos polos, cujas consequências elucida.

É ele ainda que explica por que razão todos os eventos catastróficos programados não se desencadearam até o final do século XX.

Esses e outros temas de vital importância para a humanidade são o foco desta obra, que traz todas as principais elucidações de Ramatís sobre a Transição Planetária, e constitui o mais completo roteiro para sua compreensão, de absoluta urgência neste momento.

O CARMA

Ramatís / Hercílio Maes

152 páginas – ISBN 978-65-5727-067-7

Nenhum acaso rege o destino das coisas; é a Lei do Carma que tudo coordena, ajusta e opera, intervindo tanto nos fenômenos sutis do mundo microscópico, como na vastidão imensurável do macrocosmo, passando pelas humanidades. Ela tem por único objetivo dirigir o aperfeiçoamento incessante de todas as coisas e seres, dentro da harmonia da Criação.

Ramatís, nos textos desta obra, vai além da conceituação corrente do carma e descerra a amplitude cósmica da Lei Universal que tudo rege, inclusive os nossos destinos, servindo-se dos mecanismos de causa e efeito não para punir, mas para reajustar.

Com sua profundidade peculiar, analisa o processo de criação do carma na intimidade dos corpos invisíveis do ser humano, os carmas coletivos, e variadas facetas das relações cármicas entre pais e filhos. De acordo com sua característica de não se ater ao "já sabido", desvenda a atuação oculta dos guias dentro da programação cármica de seus protegidos, quando necessário, e os recursos singulares utilizados para burilar espíritos contaminados, entre outros, pelo sectarismo ou pela arrogância egocêntrica. E ao detalhar o leque de consequências cármicas resultantes do suicídio, em várias modalidades, explica como se resolvem nos variados quadros patológicos congênitos as lesões do períspirito oriundas desse gesto.

DO ÁTOMO AO ARCANJO

Ramatís / Hercílio Maes

132 páginas – ISBN 978-65-5727-014-1

A mecânica evolutiva da Criação foi desvendada a Kardec – dois anos antes de Darwin! – pelos espíritos, com a genial declaração: "do átomo ao arcanjo, que começou sendo átomo". Mas... e entre o átomo e o arcanjo? Onde se encontram os degraus intermediários dessa escalada do zero ao infinito?

Com Ramatís, os degraus dessa simbólica "escada de Jacó" da imagem bíblica se povoaram, nos textos recebidos por vários médiuns e em diversas obras. Dos arcanjos (ou logos galácticos, solares e planetários) aos anjos e devas, dos espíritos da natureza aos animais – sem deixar de definir a posição de Jesus de Nazaré, anjo planetário da Terra, devidamente distinguida daquela do Cristo, nosso Logos.

Para que a humanidade possa ingressar de fato no patamar de consciência da Nova Era, esse conhecimento mais amplo da hierarquia e funcionamento do Cosmo se faz imprescindível, a fim de nos situar com maior amplitude no panorama do Universo e para o contato com nossos irmãos siderais, que se aproxima.

Este volume representa a condensação de conhecimentos iniciáticos milenares com que Ramatís abriu, para a mente ocidental, uma janela panorâmica sobre a estrutura e funcionamento do Cosmo, complementando a imorredoura revelação da Espiritualidade datada de um século e meio atrás.

O MENINO JESUS

foi confeccionado em impressão digital, em fevereiro de 2021

Conhecimento Editorial Ltda

(19) 3451-5440 — conhecimento@edconhecimento.com.br

Impresso em Luxcream 70g - StoraEnso